丝绸之路上的中国符号

阿迪力·阿布力孜

著

中国大百科全书出版社

图书在版编目（CIP）数据

丝绸之路上的中国符号 / 阿迪力·阿布力孜著 .
北京：中国大百科全书出版社，2025. 6. -- ISBN 978
-7-5202-1909-9

Ⅰ. K872.45

中国国家版本馆 CIP 数据核字第 20258DL381 号

出 版 人	刘祚臣
策划编辑	康丽利
责任编辑	康丽利
责任校对	臧文文
封面设计	付 莉
版式设计	博越创想·程然
责任印制	魏 婷
出版发行	中国大百科全书出版社
地 址	北京市西城区阜成门北大街 17 号
邮 编	100037
电 话	010-88390603
网 址	http://www.ecph.com.cn
印 刷	北京瑞禾彩色印刷有限公司
开 本	710 毫米 ×1000 毫米 1/16
印 张	13.5
字 数	193 千字
版 次	2025 年 6 月第 1 版
印 次	2025 年 6 月第 1 次印刷
书 号	ISBN 978-7-5202-1909-9
定 价	78.00 元

目 录

创世神话符号——伏羲女娲

　　伏羲女娲是中国神话传说中的人类始祖，也是历史悠久的中华文化符号。传说伏羲统一了当时中国的各个部落，促进了部落之间的和平与发展。他教导人们如何结网，如何从事渔猎畜牧，还创造了八卦。女娲则用黄土造人，并用五色石补天，折断鳌足支撑天地四极，治理洪水，杀死猛兽，使人们过上了安居乐业的生活。伏羲女娲的故事蕴含着中国传统文化中关于人类起源和生活智慧的深刻内涵，对中国文化和思想产生了深远的影响。

　　谁曾想过，这种带有浓郁中原人文色彩的伏羲女娲图像，竟然出现在地处西北边陲的新疆吐鲁番的墓地里，历经1200多年沧桑岁月，依然保存十分完好，色彩鲜艳如新。从绘画风格上看，《伏羲女娲图》有汉风和胡风两种。这说明古人力求探寻自身起源，并把这种探求寄托在美好传说之中，体现出人们诉古求源、缅怀先祖的美好心愿。同时，也说明新疆地区各族先民在祖先认同上与中原地区达到了深刻统一。

　　1972年和1973年，长沙马王堆汉1号墓和3号墓分别出土了T形帛画，其年代为公元前193年和公元前168年，是迄今所知最早的与伏羲女娲有关的图像资料，现藏于湖南博物院。T形帛画包含诸多图像，如人物、内画金乌的红日、画有蟾蜍和玉兔的新月、扶桑树、星辰、神龙，以及被很多学者认为是伏羲女娲的人首蛇像。西汉中期至东汉时期的伏羲女娲图，多见于河南、江苏、山东、四川等地墓葬中的画像石和画像砖上。

当文物工作者小心翼翼地打开封存在新疆维吾尔自治区博物馆的《伏羲女娲图》时，图中的人物画面令人震撼。画面中央绘有伏羲女娲的形象，上半身为人身，下半身为蛇身，相互缠绕在一起；上下有日月辉映，周边有星辰围绕。这幅富有艺术魅力的绘画作品，构图奇特，充满了神秘浪漫的气息，给人以很强的视觉冲击力。

新疆考古工作者在吐鲁番市阿斯塔那和哈拉和卓墓地中发现了数十件《伏羲女娲图》，有麻质和绢质之分，一般用木钉钉在墓顶上，画面朝下与墓主人面对面；少数画则折叠包好后放在死者身旁。吐鲁番发现的《伏羲女娲图》，从内容和绘画风格上看，分为汉风和胡风两种艺术形式。1967年阿斯塔那77号墓出土的《伏羲女娲图》具有典型的中原风格，也就是所谓的"汉风"。该画麻布质地，纵222厘米，上横95厘米，下横76厘米，上宽下窄呈倒梯形。画面中，伏羲下身为鳞纹龙身，女娲下身为条纹身躯，龙身蛇躯蜿蜒缠绕相交。日中绘有凤鸟，月中绘有桂树、玉兔和蟾蜍，周围环绕云和星纹。伏羲头戴黑色幞头，内穿白色窄袖衫，外穿典型的衣袖宽大的黑色深衣，左手执矩。女娲发髻高束，曲眉凤目，额描花钿，脸施靥妆，身穿卷云纹短襦，肩披帔巾，下穿彩条间色长裙，右手执规。女娲执规，伏羲执矩，既象征着天圆地方，也体现着社会秩序，正所谓"无规矩不成方圆"。

1964年阿斯塔那19号墓出土的《伏羲女娲图》则表现出一定的西域风格，也就是所谓的"胡风"。该画为绢本，纵218厘米，上横104厘米，下横74厘米，上宽下窄呈倒梯形。画面中，伏羲女娲的上半身为人身，下半身为蛇身，蛇尾相交，彼此以手搭肩相依，上下有日月辉映，周边有星辰围绕。伏羲头戴幞头，左手握矩和墨斗，举至头顶，右手搭在女娲的肩部。女娲头梳高髻，两腮涂红，面颊丰满，右手执规，举至头顶，左手搭在伏羲的肩部。二人均穿宽袖花纹对襟圆领内衫，外罩宽袖大翻领衣，衣袖于肘部自然垂下，腰间共穿一条莲花纹喇叭状短裙。这幅画的特别之处在于伏羲和女娲都深目高鼻，伏羲还留有络腮胡须，表现出少数民族特征。在绘画技法上，人物的脸部和手臂均采用凹凸晕染技法，立体感强，表现出西域风格。

伏羲女娲的图像最早出现在西汉时期，流行于湖南、湖北、江苏、安徽、河南、山东和四川等地，东汉以后至北朝时期在北方和西北地区有少量的发现。这些《伏羲女娲图》的呈现形式多样，主要有帛画、壁画、画像石、画像砖和绘刻在棺上的图案。吐鲁番出土的绢质或麻质的《伏羲女娲图》，与长沙马王堆汉 1 号墓和 3 号墓出土的 T 形帛画在形制上有相似之处，均呈上宽下窄的倒梯形。东汉灭亡后，中原地区的《伏羲女娲图》逐渐式微，此后很少见到与吐鲁番《伏羲女娲图》构图形式相同的图画。值得注意的是，考古工作者在河西走廊墓地中发现了《伏羲女娲图》。例如，在甘肃嘉峪关 1 号曹魏时期的墓葬中，木棺盖内面朱绘有《伏羲女娲图》，伏羲、女娲分别绘在左端和右端，二人未持矩和规，两身腰部分绘日月，伏羲、女娲之间绘有云纹。学者们结合东晋十六国时期的吐鲁番墓室壁画和纸画与河西一带的墓室壁画内容相似情况，推断出甘肃河西一带是《伏羲女娲图》传入吐鲁番的重要途径。

《伏羲女娲图》的绢画或麻布画，只发现于新疆吐鲁番地区，新疆其他地区未曾出土。吐鲁番是新疆出土文物数量最多、文物中中华文化符号元素最为显著的地区。《伏羲女娲图》这样的中华文化符号出现在吐鲁番绝非偶然，它是新疆各族人民长久以来与中原人民不断交往、交流、交融的重要例证。

吐鲁番地区位于新疆东部，是丝绸之路上的必经之地，自古以来就是连接东西方文明的交通要道，数千年来吐鲁番与中原的交流从来就没有停止过。公元前 48 年，西汉在吐鲁番地区设高昌壁。公元前 60 年，汉朝中央政府在西域设立西域都护府，包括吐鲁番在内的西域各地纳入中国版图。公元 327 年，前凉政权在吐鲁番设立高昌郡，并在其地设有高昌、田地等县，实行郡县制。公元 640 年，唐朝平定麴氏高昌，在此设立安西都护府。历代中

吐鲁番市阿斯塔那 77
号墓出土的绢画《伏羲
女娲图》（唐代，汉风）

吐鲁番市阿斯塔那19
号墓出土的绢画《伏羲
女娲图》(唐代，胡风)

央政府或地方割据政权在吐鲁番设官建制，对当地进行管辖和治理，保障了丝绸之路的畅通，促进了经济文化的交流，中原的丧葬习俗和文化艺术也随之传入西域地区。

从公元 460 年到公元 640 年，是以吐鲁番盆地为中心的高昌时期。高昌以汉人为主体居民。当时大批汉人从中原迁徙到吐鲁番，中原的儒家文化和道教文化也随之传入，汉文化在高昌始终得到保持和发展。据《北史·高昌传》载，高昌"文字亦同华夏，兼用胡书"。高昌学习的典籍有《诗经》《论语》《孝经》等，还"置学官弟子，以相教授"。可见，汉语言文字已经在当地通用。中原厚葬之风也在吐鲁番流行，墓葬中设置伏羲女娲图像的现象也逐渐多了起来。

唐朝平定高昌后，唐政府在吐鲁番施行与中原相同的政治、经济和法律制度，使得当地的生活习俗与中原没有太大的区别。在这种环境下，不仅汉族居民的文化得以保持和弘扬，世居的其他民族也受到汉文化的熏陶和影响。从阿斯塔那古墓群出土的《千字文》《急就章》《论语》和《孝经》等写本残卷可以看出，当时高昌儿童的启蒙教育与中原地区高度一致。

唐朝平定高昌后，厚葬之风也传入吐鲁番，随葬的习俗与中原无异，中原特色的随葬品在吐鲁番墓葬中有大量的出现。如在阿斯塔那贵族墓葬中出现的绘画作品《弈棋仕女图》《舞伎图》《牧马图》《伏羲女娲图》，都是典型的中原文化符号，也是汉文化扎根西域的具体体现。另外，从阿斯塔那墓随葬的饺子、麻花、月饼这些典型的中原食品，也可以看出高昌在饮食上对中原文化的接纳。由此可见，高昌在诸多方面都与中原地区保持着密切的往来。

西域风格的《伏羲女娲图》，在绘画的题材上与中原的伏羲女娲图像一脉相承。而在绘画手法上，它基本上使用了西域原创的"凹凸晕染法"，使得伏羲女娲的面部肌肉呈现出高低起伏之态，具有强烈的立体感，达到整个画面粗犷雄浑的效果。这种画法与拜城县克孜尔石窟壁画上的"屈铁盘丝"和"凹凸晕染法"有相似之处。学者们推断，吐鲁番出土的《伏羲女娲图》既继承和发展了克孜尔石窟壁画的技法和美学观念，又沿袭了中原的构图布局，最终演变出独具特色且符合当地审美追求的西域风格样式。

　　吐鲁番发现的《伏羲女娲图》在内容和形式上与汉代的伏羲女娲图像亦是一脉相承。但吐鲁番发现的《伏羲女娲图》在两汉的基础上进行了一定的创新，融入了吐鲁番当地的民族风格，形成了一种新的形式，从而成为西域文化构成的一部分。汉风和胡风的《伏羲女娲图》同时出现在吐鲁番地区，说明在北朝至唐朝时期新疆各族人民对中华文化的高度认同，中华文化曾深深扎根于新疆这片神奇的沃土，这也是新疆各族人民数千年来与中原人民相互交往、交流和交融的重要例证。

在十二生肖中，鼠、牛、虎、兔、蛇、马、羊、猴、鸡、狗、猪十一种动物在自然界中十分活跃，有的与我们朝夕相处，有的出没于森林、荒野。只有龙在自然界中还没有找到它的踪迹，看来它是一种地球上不存在的动物。《现代汉语词典（第7版）》（商务印书馆，2016）中对龙的解释是："我国古代传说中的一种神异动物。"从考古发现的资料和传世艺术作品来看，龙形象十分独特，集虎头、蛇身、鹰爪、鱼鳞、鱼须、鹿角为一身，散发出神秘而令人生畏的气息。虽说龙并非真实存在的生命实体，但它在中国历史的长河中活跃了数千年，表现出很强的生命力。龙形象广泛出现在人们的生活中，并与中国的传统文化紧密联系在一起。

中国龙文化至少有五千年的历史。从古文献记载来看，龙的种类很多。《广雅》载："有鳞曰蛟龙，有翼曰应龙，有角曰虬龙，无角曰螭龙。"关于龙的起源，有一种观点认为龙起源于蛇。中国上古神话传说中的伏羲女娲被认为是华夏民族的祖先，他们分别来自以龙、蛇为图腾的两个部落，后来两族联姻，也就龙蛇不分了。在河南、江苏、山东、四川等地出土的许多汉代画像石上，刻画着伏羲女娲人首蛇身蛇尾相交的形象。20世纪六七十年代，考古工作者在吐鲁番阿斯塔那古墓中发现了许多伏羲女娲形象的文物，他们被画在绢、麻布上，蛇身蜿蜒相交，其艺术风格与中原地区出土的画像石上的龙十分相似。直至今日，人们将十二生肖中的蛇称为"小龙"，这也说明龙、蛇之间存在着渊源。此外，龙还有起源于马，起源于鳄鱼，起源于蜥蜴，甚至起源于雷电等多种说法。

龙形象至少在汉代就已经由丝绸之路传入西域地区。多年来，考古工作者在新疆各处墓遗址中发现了大量以龙为题材的文物。这些文物材质多样，金器、铜器、木器、瓷器、陶器、玉器、丝绸等皆有，且其上的龙形象栩栩如生。

1975年，在焉耆回族自治县黑圪垯遗址的古墓中，发现了汉代龙纹金带扣。此金带扣是新疆古代典型的龙题材金器，长9.7厘米，宽5.9厘米，重约48克。这件精美的金带扣为模压锤揲成型，扣面凸显一条大龙和七条小龙，群龙戏水，在激流中翻腾跳跃，充满动感。龙身镶嵌着绿松石和红宝石，龙身花纹和水波纹用金丝焊接而成，工艺十分精湛。带有扣舌的带扣是草原游牧文化的形制，但装饰的龙纹却是中原特色的纹样，可见这件八龙纹金带扣是中原文化与草原文化相融合的产物。学者们研究认为，这件金带扣是汉朝中央政府赏赐给焉耆政权首领，首领死后随葬墓中，是珍贵的礼仪用品。龙作为中原文化的象征，代表着皇权天授。这件八龙纹金带扣在汉代焉耆的墓葬中出土，反映出汉朝中央政府对包括焉耆在内的西域地方政权的管辖与治理。

以龙为装饰的铜镜在中国战国时期就已出现，到了汉代更为多见，并沿丝绸之路传入西域各地。1995年，考古工作者在新疆民丰县尼雅汉晋时期的墓葬里，发现了一面龙虎纹铜镜。该铜镜出土时置于一锦袋中，银灰色，直径9.2厘米。镜体保存完好，纹饰清晰，镜面光滑，是一面铸造精巧的铜镜。镜背纹饰为一龙一虎围绕着纽座嬉戏一圆球，图案生动形象。在中原地区尚未发现与此纹饰相同的铜镜。龙汇聚百兽之美，虎象征勇敢威武，古人将龙虎形象铸于铜镜之上，具有威严、驱邪的象征意义。考古工作者在尼雅

焉耆回族自治县黑圪垯遗址出土的八龙纹金带扣（汉代）

古墓中，还发现了"五星出东方利中国"锦护臂、"王侯合昏千秋万岁宜子孙"锦衾等文物，充分表现了当时中原与西域密切的经济文化联系。

龙虎纹铜镜流传到了唐代。其中，考古工作者在哈密市拉甫却克墓地中发现的唐代"上方作竟"龙虎纹铜镜颇为引人注目。此铜镜背面雕刻着精美的龙虎纹，并铸"上方作竟佳且好，明而日月世少有，刻治今首悉皆在，长□□二亲矣□"28个汉字铭文。龙虎纹与汉字铭文相结合的形式，在新疆出土的铜镜中非常少见。此外，拉甫却克墓地还出土了一面四神十二生肖铜镜，铜镜背面雕刻着包括龙、虎在内的十二种动物，从中可感受到新疆古代居民精神文化生活中的中原印记。

在古代龟兹人的文化遗址中也发现了许多以龙为题材的文物，最为奇特的是一件唐代马首龙身鹰翅纹灰陶范。该陶范出土于新疆新河县通古斯巴西古城，虽有残损，但外壁上的图案十分清晰。外壁上、下部饰有浅浮雕波浪纹，中部饰有马首龙身鹰翅的动物，前蹄奋昂，鹰翅高展，呈疾驰飞奔状，生动传神，极富特色。碗内壁刻画一人背影，双手高举，身穿长袍，脚蹬尖足靴，是典型的龟兹人服饰。

新河县通古斯巴西古城遗址出土的马首龙身鹰翅纹灰陶范（唐代）

1978 年，新疆库车县苏巴什佛寺遗址出土了一件北朝龙首木雕，虽然只剩龙首，但龙口大开，龇牙怒目，雕刻得十分逼真。

新疆出土的古代丝织品中也有不少龙形象。1972 年，在吐鲁番市阿斯塔那古墓中出土的联珠纹绮，其纹样为在大联珠内填二龙戏珠纹。此龙纹颇具特色，金色虎头有须，鹿状双角，口戏珠，蛇身无鳞，四足五只鹰爪，呈飞腾之势。图案中的龙，是典型的唐代黄龙造型，而联珠纹通常被认为是波斯萨珊王朝的一种纹饰。带联珠纹的丝织品在吐鲁番阿斯塔那古墓出土很多，有联珠鹿纹锦、联珠孔雀纹锦、联珠狮纹锦等，流露出当时东西方文化相互交融的迹象。

阿斯塔那墓地还出土了一件鸟龙卷草纹绢绣，是东晋时期的精美绣品。在红色绢地的中央，绣有一只佛教艺术题材的"共命鸟"，其左右两侧用黄、蓝等色丝线对称绣出龙的图案。两龙身形纤细，龙口大开，似在大地游走。这件绢绣体现了吐鲁番东晋时期汉文化、佛教文化等多元文化的交融。

龙形象还发现于新疆出土的木棺中。1983 年，和田市布扎克古墓出土的一件五代时期的高大彩棺，长 2.15 米，宽 75 厘米，头端高 68 厘米，脚端高 55 厘米。棺表饰木作乳钉，并涂红色，四面分别彩绘青龙、白虎、玄武、朱雀等图案。其中，木棺侧板上绘有一条巨龙，龙首蛇身，鹿角侧立于龙头两侧，怒目圆睁，龙口大开，呈嘶鸣欲吞状，龙身鳞纹清晰可见，龙爪灵活摆动。整体而言，龙体线条流畅，形象生动，体形巨大。

古人认为龙掌管着降雨，而降雨又决定着农耕的收成，因此龙成了农耕社会最主要的图腾。木棺出土的随葬在男性头侧的一件白绫上，一面墨书于阗文，一面墨书汉文"夫人信附男宰相李旺儿"，可知墓主人是李旺儿或与其相关者。"男宰相李旺儿"的身世尚不清楚，但从他与李圣天（尉迟王族后裔，五代至宋朝初年的于阗王）同姓这点可以推测，该墓葬群或许原是一处王族墓地，是尉迟家族的墓葬区。布扎克墓葬出土的乳钉纹彩棺的形制，与山东省兖州区兴隆塔地宫出土的鎏金银棺十分相似，这无疑反映了五代时期中原丧葬文化对西域的影响。

和田市布扎克墓出土的乳钉纹彩棺（五代）

　　龙形象还见于新疆出土的瓷器中。伊犁哈萨克自治州霍城县阿力麻里古城遗址出土了不少饰有龙纹样的瓷碗、瓷盘，这些是元代察合台汗国时期的遗物。这里出土的双龙纹印花碗，高8.5厘米，口径18.5厘米，足径6.6厘米，为青白瓷。其敞口深腹，弧形壁，砂底圈足，通体满施卵白釉。碗内饰有相互追逐驰骋的双龙纹，底部饰有水藻纹。龙形象为细颈疏发，身上斜方点鳞，蛇尾，三至四爪。另一件龙舞海浪纹贴花青瓷盘，口径33.8厘米，高7.7厘米，足径11.5厘米，器形大，胎体厚重。其敞口斜壁腹，宽沿圈足，通体施青釉。盘底部中心饰有一个舞动的龙纹，内壁饰有卷浪纹，外壁饰有莲瓣纹。在中国古代，新疆并不生产瓷器，阿力麻里古城遗址发现的这些瓷器都来自浙江、江西等地，反映了元代新疆与中原地区经济文化交流的密切程度。这些瓷器在当时只有当地上层贵族能享用，可见龙在当地人们心目中的重要地位。

　　新疆维吾尔自治区博物馆收藏的"兴修库尔楚河渠"木碑，高245厘米，宽84厘米，由两块木板拼接而成，圆弧形首，上阴刻有"二龙戏珠"图案。两条龙的图案相同，龙头、龙身、龙尾都雕刻得栩栩如生。龙周围还刻着曲卷的云纹，象征着吉祥。二龙龙头朝上，正迎接着一颗圆珠，圆珠下面雕刻着"百世流芳"4 个汉字。从碑身所刻的 16 行汉字可知，该碑是钦差大臣左宗棠平定大、小和卓叛乱后所立。1880 年，左宗棠的副将王玉

"兴修库尔楚河渠"木碑（局部，清代）

林撰写碑文，将碑立于库尔楚西北，也就是现在的库尔勒市。该碑反映了当时新疆各族人民共同修建水利，恢复生产的情景。

昌吉回族自治州博物馆陈列的"修建博克达山庙记"石碑，是清代修建的一尊彩绘龙纹碑刻。碑额为半圆形，高 60 厘米，底长 76 厘米，厚 14 厘米。碑的正面浮雕有"二龙戏珠"图案，为对称的两条彩绘龙，龙身粗壮弯曲，龙爪着地有力。两条龙的头部相向对着带有火焰纹的圆球，寓意"二龙戏珠"。

在新疆维吾尔自治区博物馆文物总店里，有一张巨幅龙纹地毯格外引人注目。它横挂于大厅醒目位置，尽显雍容华贵和与众不同，其制作年代约为清代中晚期。该毯长 4.78 米，宽 1.8 米，红色地，主题纹样是两两相对充满动感的八条龙纹。占据主体位置的四条大龙，龙口大张，似乎在呼风唤雨，龙的四周散布着假山、云朵、小鸟等。整张毯面色泽饱满、图案清晰。清朝时期，西域物品深受皇帝喜爱，新疆各地的伯克贵族们经常进京进献地毯、和田玉石、艾德莱斯绸等物品。这张龙纹地毯有可能就是新疆本地的手工艺人根据清宫龙纹图案精心编织而成。

在新疆各地文物遗址中，龙形象屡见不鲜，民间收藏的文物中也有很多龙的身影。这些文物中的龙形态各异，独具特色，有很高的审美价值和历史文化价值。新疆的龙文化源远流长，说明自汉代以来，中原地区与新疆始终保持着密切的政治、经济、文化往来。而这些龙形象，就是新疆多元文化融合的生动体现。

龙纹地毯（清代）

"修建博克达山庙记"石碑（清代）

东方神鸟——凤凰

　　数千年来，人类一直存在崇拜鸟的现象，鸟图腾是古人重要的图腾之一。埃及崇拜雄鹰，印度崇拜孔雀，它们被认为是神的化身。中国古代的神鸟有仙鹤、鸾鸟、凤凰、朱雀等，其中最尊贵的是凤凰。

　　凤凰是中国神话中的百鸟之王，自古就是中华文化的重要符号，它德、义、礼、仁、信五德兼备，高贵华美、端庄典雅，是吉祥、美好、幸福的象征。作为一种中华文化符号，凤凰也曾出现在新疆古代居民的视野里。许多古老而神秘的凤凰纹样出现在新疆考古发现的丝织品、壁画、玉器等文物中，其中以丝织品最为多见。1977年，吐鲁番市托克孙县阿拉沟墓地发现的一块凤鸟纹刺绣残片，虽然不够完整，但绢上的凤鸟纹图案却极为精美。这件刺绣黄色绢地，用红、黄、绿（蓝）等丝线绣出凤鸟纹。凤鸟的头部虽有残缺，但身躯等部位清楚可辨，呈飞舞回首形态，体态丰满，姿态矫健。其羽用多色线绣制，针脚均匀细密，线条流畅自然。此凤鸟的造型特征与长沙楚墓出土的凤鸟纹饰如出一辙。无论是从丝绢本身还是从其图案都可以确认，这件刺绣是中原地区的产物。

　　商周时期，凤凰形象一般出现在青铜器、玉器中，是王公贵族的使用专利。这一时期的凤纹图案以线刻为主,其形态为一足、瞠目、侧身直立,整体画风比较抽象、质朴,纹样简洁,给人以整齐肃穆之感。春秋战国至明清时期,凤凰形象广泛出现在丝绸、玉器、漆器、瓷器、铜器等载体中,点缀着人们的生活。不同时期的凤纹图案各具特色,带有明显的时代特征和不同的审美情趣。比较典型的是1982年湖北江陵马山1号墓中保存较好的凤鸟花卉纹绣。该绣品中的凤鸟昂首向天,双翅两侧展开,双爪矫健着地,冠部以荣英纹为装饰,动中有静,显得活泼灵动。这种图案来源于商周时期青铜器上的凤鸟纹样,楚人赋予凤鸟灵性的审美情思,使其充满神秘气息,传入西域后对当地的凤鸟纹样产生了较大的影响。

凤鸟纹样的丝绸,在新疆周边地区也有发现。俄罗斯戈尔诺阿尔泰省巴泽雷克古墓葬中就发掘出不少丝绣织物,这些织物距今约2500年。其中5号墓出土的一件丝质刺绣鞍褥,长226厘米,宽62厘米,刺绣图案为凤鸟神树。该图案左右对称,上下分区,凤纹与花草叶纹构成一组图案并重复出现,凤鸟昂首立于枝叶,冠部夸张。这件凤鸟纹刺绣采用锁绣技法,这是中国楚地流行的传统技法,其凤图案风格与新疆阿拉沟墓葬出土的绣品也比较相似。这再次表明春秋战国时期,中原地区的丝织品已经传到了西域,并通过早期丝绸之路传到了中亚以至欧洲等地。

带有"凤"字的织锦有出现在古代精绝人的墓葬中。1995年,新疆民丰县尼雅遗址5号墓出土的一件"金池凤"锦袋,长11.5厘米,宽11.2厘米。该锦袋以"金池凤"锦为面,白绢为里。锦为经线显花。白色地,蓝、绿、黄、红四色显花。图案为奔驰状的鹿、蔓藤纹、树纹等,夹织

俄罗斯戈尔诺阿尔泰省巴泽雷克古墓出土的凤鸟神树刺绣(战国)

民丰县尼雅遗址墓出土的"金池凤"锦袋（汉晋）

"金池凤"汉文隶书。

　　凤鸟纹样在新疆北朝至唐朝的墓葬中也有一定的发现。1972年，吐鲁番市阿斯塔那169号墓出土的联珠凤纹锦覆面，是北朝时期的珍贵文物，长25厘米，宽14厘米，虽然不够完整，但一对凤鸟的图案却清晰可辨。橘黄地，白色联珠纹内有对凤、对鸟图案。凤三爪着地，双翅丰满，饰有圆珠的凤尾由窄到宽高高翘起。两只小鸟与凤鸟倒置，扇动着双翅。联珠纹是该织锦的骨架纹样，是从波斯传入新疆吐鲁番地区的。这种圆形的联珠纹象征着太阳，表现出波斯祆教文化的艺术特征，代表着光明；而在儒家文化中，凤鸟寓意着祥瑞与美好。这件联珠凤纹锦覆面，充分展现了西域与中原以及西亚之间的交流与交融。

　　阿斯塔那324号墓出土的对凤纹锦，也是北朝时期的珍贵织锦，长16.5厘米，宽14厘米。土黄色地上织有3对凤鸟纹样。凤鸟头小颈细，头上的冠饰扁平，尾羽高高翘起，正扇动着双翼，动感十足。

　　唐朝时期，凤鸟依然为新疆吐鲁番居民所推崇。1973年，吐鲁番市阿斯塔那206号墓发现了一尊彩绘绢衣舞蹈女俑。女俑身着鲜艳夺目的红地联珠对凤纹锦半臂衣。联珠纹内装饰着两只正欲起飞的凤鸟图案，凤鸟昂首挺胸，尾部高高翘起，腿爪着地有

吐鲁番市阿斯塔那324号墓出土的对凤纹锦（北朝）

力，从中不难窥见大唐的自信风采。联珠纹在吐鲁番阿斯塔那古墓出土较多，它的组织结构既有经线显花的平纹经锦，又有纬线显花的斜纹纬锦，其纹饰也十分丰富。

　　1968年，吐鲁番市阿斯塔那381号墓出土的真红地穿花凤纹锦，长

24.5 厘米，宽 36.5 厘米。此锦以真红、粉绿、海蓝、棕、白五彩经显花。主花为角度、形态不同的成簇牡丹与穿花凤。纹样正中是一簇盛开的牡丹，周围向心排列 8 簇全株牡丹。小鸟与蛱蝶盘旋飞舞，对称的衔花四凤鸟展翅于花间。凤鸟的冠饰如同云朵，其身体细长，羽尾修长飘逸，双翅展开，恰似在天空中自在翱翔。

1959 年，新疆吐鲁番市胜金口佛寺遗址出土的飞凤蛱蝶团花锦，是晚唐时期的珍贵文物。此锦幅宽 70 厘米，以纬长浮线显花，织物表面颇具平针刺绣效果。花纹为六彩瑞花团窠和绕花飞舞的遍地金黄色飞凤。凤首戴花冠，喉下垂坠，长尾如蔓藤卷曲，以不同姿态展翅飞翔，不禁让人想到晚唐诗人温庭筠"瑞锦惊飞金凤凰"的诗句。

吐鲁番市柏孜克里克石窟壁画中也有凤鸟图案。唐朝晚期，从漠北迁徙而来的回鹘人在吐鲁番建立了回鹘高昌王国地方政权。当时的回鹘人深受中原文化的影响。例如，他们吸收中原的服饰元素，创造了独具特色的服饰文化。当时的回鹘男子多穿唐朝的圆领袍，女子则喜爱梳受汉文化影响的发髻，而且凤鸟图案也出现在她们的发髻上。在柏孜克里克石窟的一幅回鹘公主供养像中，回鹘公主头戴如意冠，4 个发髻都装饰着飞翔的凤鸟。

昌吉回族自治州奇台县发现的凤纹铜镜有三凤纹、团凤纹等类型。这些铜镜保存较好，其上凤纹清晰可见，采用了浅浮雕工艺，散发出神秘浪漫的气息。1973 年，奇台县征集的宋代三凤纹铜镜，直径 9.5 厘米，圆形，圆纽，镜背面 3 只凤凰在花丛中展翅飞翔，形态栩栩如生。奇台县征集的另一面团凤纹铜镜，直径 11 厘米，通长 19.5 厘米，直柄，圆形，镜背面模印团凤戏花图。凤纹铜镜在新疆并不多见，昌吉回族自治州发现的这些凤纹铜镜，无疑具有重要的历史和艺术价值。

凤凰形象还出现在新疆境内发现的瓷器中。1999 年，伊犁哈萨克自治州霍城县芦草沟出土了一件青花凤首扁壶。器身为扁圆形，以凤首为壶嘴，以凤尾为流柄，壶身用青料绘制展翅飞翔的凤鸟，图案生动逼真，是元代景德镇瓷器的精品。学者们认为，这件元代文物的扁壶造型及如鹰首般的凤首造型，蕴含着游牧文化的特征。而其产地景德镇地处汉文化腹地，因此凤鸟形象又融入了中原文化的形象元素，从而使其具备多元文化的魅力。

新疆，自古以来就是神鸟栖息之地，以鸟兽为题材的文物屡见不鲜。凤凰、仙鹤、鸾鸟、朱雀等蕴含中华文化符号的神鸟，纷纷现身于新疆古代文物之中。这些神鸟象征着吉祥与幸福，表现出新疆古代居民对美好生活的向往，同时也反映出新疆古代居民数千年来不断吸纳着来自中原的文化，以此丰富自身的精神和物质生活，是中原与西域文明互鉴、不断交流交融的历史见证。

霍城县芦草沟出土的
青花凤首扁壶（元代）

舞狮是中国常见的节日民俗，尤其在元宵佳节、春节等重大节日中，舞狮活动尤为盛行。但这一活动最初并非来自中原地区，而是汉代以后由西域传入中原的，国人喜爱的狮子同样是由西域传入中原的。

在中国的很多建筑物前，常常可以看到威猛无比、盛气凌人的石狮子。狮子的原产地主要在非洲，以及西亚和南亚的部分地区。据《汉书·西域传》记载，汉代时期，西域的乌弋山离（今阿富汗西部）、条支（今伊拉克境内）和大秦（今西亚一带）都产狮子。《后汉书·西域传》记载，公元87年，安息王遣使献狮。第二年，月氏王也向中原献狮。这是中国有关狮子的最早记载。当时，西域民众十分喜爱狮子勇猛无畏的进取精神，将其视为神兽，当作权威与神圣的象征。唐代高僧玄奘赴天竺取经，经过高昌时，高昌王麴文泰铸金狮子座相赠，以此鼓励他要勇于进取。虽然西域狮现已绝迹，但出土文物中却留下了它的威武形象。

狮子作为造型艺术的形象在中国由来已久。考古工作者在新疆许多遗址中发现了狮子雕像。1973年，吉木萨尔县北庭故城出土的一尊唐代石狮子，通高16.5厘米，石狮刻在一石座上，由一整块白色花岗岩雕刻而成。狮子头顶的鬃毛卷曲且丰厚。狮子的双耳矮小侧立，双目圆睁鼓突，宽鼻，上唇留一字形浓须，下颌蓄长垂山羊胡，头扭向右侧，张口呈咆哮状，前腿立于石座上，后腿呈蹲踞式。

北庭故城位于吉木萨尔县城以北 12 千米处，建于唐初，是唐代北庭大都护府驻所，后为高昌回鹘陪都，元代改为别失八里，明初废弃。这尊石雕像发现于北庭故城，说明这里采用了狮雕的装饰形式。

北庭故城还出土过两尊唐代铜狮，各具特色。其一为鎏金铜狮，可作镇纸之用。它高 9

吉木萨尔县北庭故城遗址出土的石狮子（唐代）

厘米，铜质铸造，外表鎏金。狮子呈蹲踞状，两耳倒竖，鬃毛曲卷，在两前肢之间有一圆球。另一尊为奔驰铜狮，高 5.6 厘米，长 9.7 厘米。狮头平抬，圆眼，嘴张，背耳，前肢平伸，后肢弯曲，作奔跑状。狮子的尾巴弯曲贴于狮鬃，显得活泼生动，充满活力。

除北庭故城遗址外，吐鲁番古代墓葬中也发现了带有狮子形象的物品。1968 年，阿斯塔那 99 号墓出土了一件北朝时期的方格兽纹锦。此锦长 18 厘米，宽 13.5 厘米，使用红、蓝、绿、白色经纬分区组合显花纹，存 3 列图案，左为行走状牛纹，右为象纹，中间为卧狮纹。

1978 年，新疆考古工作者在托克逊县阿拉沟墓葬中，发掘出土了 200 余件金器，其中虎纹金牌、虎纹金带和狮形金牌饰保存较好。狮形金牌饰作奔跃咬齿状，长 20.5 厘米，宽 11 厘米，是用整块金箔捶打模压出雄狮扑食的形象，呈长椭圆形，雄狮竖耳，张口睁目，前腿下压一猎狗作咬噬状，后

吉木萨尔县北庭故城遗址
出土的铜狮（唐代）

　　腿和尾向上卷曲，显得强健有力，鬃毛卷曲，腰部纤细，身饰弧形条纹和圆涡纹，具有极强的立体感，生动地表现了雄狮之威猛。生活在天山山脉东部阿拉沟一带的草原人民，巧妙地将狮子的形象融入传统牌饰之中，使狮子形金牌饰体现出了北方草原民族的文化特色。其他如兽面纹金饰片等，品种很少，数量很多，应是衣饰上的饰件。对于阿拉沟出土这么多兽形金牌，学者们认为是当地古代居民图腾崇拜的表现和遗留。动物纹是北方草原常见的一种纹饰风格，这些被学者们称为"野兽风格"的装饰品，典型地反映了游牧人的审美观。

　　此外，和田地区出土过一尊五代至宋时期的狮鸟纹黄釉陶壶。壶高30厘米，盘口束颈，溜肩而丰，扁形圆腹，空心圈足。壶口内外及器体表面先敷一层白膏泥，再在其上披黄色陶釉，而后在黄釉上用褐色绘制纹饰图案。壶颈部有4只狮子，狮子棕毛竖立，脑后毛后飘，双眼圆睁，张口，四肢呈迅驰中急驻状，尾部飘卷。整体形象似是突然发现了什么，而骤然驻足，发出咆哮的形态。

　　由西域传入中原的狮子，不仅成为中国民俗文化中的重要元素，其形象更是在中国的艺术领域中留下了深刻的印记，反映了社会的文化风貌和人们的审美情趣。

新疆维吾尔自治区博物馆收藏着一件东晋时期的黑色怪兽木雕。它鹿腿牛身，四肢细长，体形高大。其长长的尾巴高高翘起，头部长出尖尖的长角，似乎准备刺向某物。这件其貌不扬、造型简朴的文物就是中国古代传说中的独角兽。

在世界很多地方的传说中都出现过独角兽的身影。在西方神话中，它常被描绘为体形修长、额前有一螺旋角的白马，象征纯洁，是完美骑士的代表，其角具有遏制道德败坏之事的力量。在中国古代，独角兽被称为"獬豸"（xiè zhì），是执法公正的象征。

古人对獬豸究竟是什么动物，说法不一。《史记·集解》认为獬豸是鹿，王充在《论衡·是应》中指出獬豸是"一角之羊"，许慎的《说文解字》认为獬豸"似山牛"。各方观点各异，难以定论。虽然獬豸到现在还没有被"验明正身"，但它在中国传统文化中有着丰富的内涵。

据说远在黄帝时期，便有位神人给黄帝送去獬豸，为的是帮助他处理一些疑难案件。到了尧舜时期，当遇到一些难以判决的诉讼案件时，大法官皋陶在审判时就会借助獬豸来解决。传说獬豸是神兽，它经常怒目圆睁，具有明断是非曲直的能力。如果嫌疑人有罪，它就会用头上的独角去将他触倒，甚至会将罪该处死的人用角抵死，令犯法者不寒而栗。对此，诸多古籍都有所记载。《论衡·是应》中记载："獬豸者，一角之羊也，性知有罪。皋陶治狱，其罪疑者，令羊触之。"《异物志》中描述獬豸："性忠，见人斗，则触不直者；闻人论，则咋不正者。"《说文解字》中也提到它："似山牛，一角。古者决讼，令触不直。"

作为中国传统法律的象征，獬豸一直受到历朝的推崇。相传在春秋战国时期，楚文王曾获得一只獬豸，照其形制成冠戴于头上，此风一开，楚人争相效仿，这种冠在楚国成为流行之物。正如《后汉书·舆服志下》所记："獬豸神羊，能别曲直，楚王尝获之，故以为冠。"后亦用獬豸冠来指代执法者。秦代执法御史便佩戴这种冠。到了汉代，廷尉、御史等也都戴这种冠。这种冠通常以铁为冠柱，隐喻执法者坚定不移、威武不屈，故名铁冠。铁冠上有一角，以代獬豸，故又称獬豸冠。南北朝文学家庾信的《正旦上司宪府》中就有"苍鹰下狱史，獬豸饰刑官"的诗句。唐朝边塞诗人岑参也在《送韦侍御先归京（得宽字）》诗中写道："闻欲朝龙阙，应须拂豸冠。"宋朝真宗至神宗时期，唐肃、唐询（肃之子）、唐垌、唐介、唐淑问（介之子）都做过御史，留下了"五豸唐门"的历史佳话。明清时期，设立了相当于御史之职的风宪官，他们虽不再戴獬豸冠，但其官服中央的补子上绣有獬豸图案。这不仅代表了一种公正执法的形象，同时也给予了一种警诫与期待，表达着人们对公平正义的追求。

獬豸与法的不解之缘，还可从古代"法"字的结构得到解答。古时的"法"字写作"灋"（fǎ），由"廌""法"二字组合而成。学者多认为"廌"

甘肃武威市磨嘴子汉墓出土的
彩绘木獬豸（西汉）

吐鲁番市阿斯塔那
墓葬出土的黑彩木
獬豸（东晋）

就是獬豸，"廌""法"二字合为一体，取其公正不阿之意，所以从水，取法平如水之意。獬豸作为法律象征的地位就这样被认定下来。后来，为便于书写和记忆，"灋"被简化为"法"。由"灋"到"法"，"廌"字虽然被隐去，然而它所象征的中国传统法律文化并没有消失，依然在历史长河中熠熠生辉。

也有学者指出，独角兽是镇墓兽的一种，放置在墓内起到趋魔辟邪的作用。镇墓兽是古代人们想象中的驱邪镇恶之神，人们将它塑造成狰狞凶恶的形象，放置在墓口，起着保护死者灵魂和守护随葬品的作用。吐鲁番市阿斯塔那古墓中出土了一些泥塑的镇墓兽，有兽首兽身、人首兽身等多种形制，它们都富于气势，凶悍矫健，野性十足，通高在 70 厘米左右。与这些体形高大的镇墓兽相比，这件出土于阿斯塔那 65 号墓的木质獬豸就小了许多，它高 27.5 厘米，通长 54.5 厘米。其身、腿、角、尾采用分段制作，然后拼接而成，通体敷黑彩。

獬豸形象在中原地区发现较多，且雕刻得十分传神。吐鲁番出土的这件黑彩木雕独角兽，虽然制作略显简拙，但重在表意，它将人们头脑中想象的神兽獬豸刻画得有模有样，反映出中原的法制文化和丧葬习俗对西域的影响。

新疆吐鲁番出土文书是研究中国古代政治、经济、文化的重要文献，其中的法制文书为研究唐朝法律制度在西域的施行提供了珍贵的一手资料。

1973 年，吐鲁番阿斯塔那 532 号墓出土的《唐律疏议》残卷，长 45 厘米，宽 29 厘米，共有文字 41 行。此卷为《唐律疏议》卷 6《名律例》中"称众谋"和"称加减"条"疏议"中的一部分。在原文的第 9、第 10、第 29、第 31 行中钤有朱印，印文为"西州都督府之印"。

公元 640 年，唐朝平定麴氏高昌建立西州（今新疆吐鲁番）后，推行了与中原相同的政治、经济和法律制度，促进了当地社会的稳定和经济文化的发展。吐鲁番出土的《唐律疏议·名律例》残卷真实反映了唐朝中央政府律法在西域的有效施行。

20 世纪初，英国的斯坦因、法国的伯希和、俄国的科兹洛夫和奥登堡、德国的勒柯克和格伦威德尔、日本的大谷光瑞探险队等将新疆吐鲁番出土文书接连盗往国外，大量珍贵文献因此流落海外，其中不乏一些吐鲁番法律文书。如日本收藏的《永徽医疾令》残片、《永徽丧葬令》残片、《贞观捕亡律》残片；俄国收藏的《永徽檀兴律》残片、《永徽盗贼律》残片；在海外辗转漂流，现藏于大连旅顺博物馆的《永徽名例律疏》残片、《永徽断狱律》残片、《永徽户令》残件等。这些法律文书填补了唐朝法律条文施行方面史籍记载的不足。

《唐律疏议》是唐朝刑律及其疏注的合编，也是中国现存最古老、最完整的刑事法典，共30卷。唐朝法律制度基本上沿袭隋朝。唐初以隋《开皇律》为蓝本制定《武德律》。公元627年，唐太宗李世民令长孙无忌、房玄龄等人参酌隋律，对《武德律》加以修订，是为《贞观律》。《贞观律》的刑罚有所减轻，律条也比较完备。公元650年，唐高宗李治命长孙无忌、李绩、于志宁等人修《永徽律》，翌年颁行。《永徽律》共12篇500条。

第一篇《名例律》，相当于现代刑法总则，主要规定了刑罚制度和基本原则；

第二篇《卫禁律》，主要是关于保护皇帝人身安全、国家主权与边境安全；

第三篇《职制律》，主要是关于国家机关官员的设置、选任、职守以及惩治贪官枉法等；

第四篇《户婚律》，主要是关于户籍、土地、赋役、婚姻、家庭等，以保证国家赋役来源和维护封建婚姻家庭关系；

第五篇《厩库律》，主要是关于饲养牲畜、库藏管理，保护官有资财不受侵犯；

第六篇《擅兴律》，主要是关于兵士征集、军队调动、将帅职守、军需供应、擅自兴建和征发徭役等，以确保军权掌握在皇帝手中，并控制劳役征发，缓和社会矛盾；

第七篇《贼盗律》，主要是关于严刑镇压蓄意推翻封建政权的行为，打击其他严重犯罪，保护公私财产不受侵犯；

第八篇《斗讼律》，主要是关于惩治斗殴和维护封建的诉讼制度；

第九篇《诈伪律》，主要是关于打击欺诈、骗人的犯罪行为，维护封建社会秩序；

第十篇《杂律》，凡不属于其他"分则"篇的都在此规定；

第十一篇《捕亡律》，主要是关于追捕逃犯和兵士、丁役、官奴婢逃亡，以保证封建国家兵役和徭役征发和社会安全；

第十二篇《断狱律》，主要是关于审讯、判决、执行和监狱管理。

公元 652 年，唐高宗又令长孙无忌等人对《永徽律》的精神实质和律文逐条逐句进行疏证解释，以阐明律条文义，并通过问答形式，剖析内涵，说明疑义，最终撰成《律疏》30 卷。《律疏》与《律》合为一体，统称《永徽律疏》，明末清初更名为《唐律疏议》。《唐律疏议》的律文和疏文规定了唐代社会各阶层的法律地位及相互关系，从一个侧面反映了当时的政治经济制度，是研究唐代历史的重要文献。

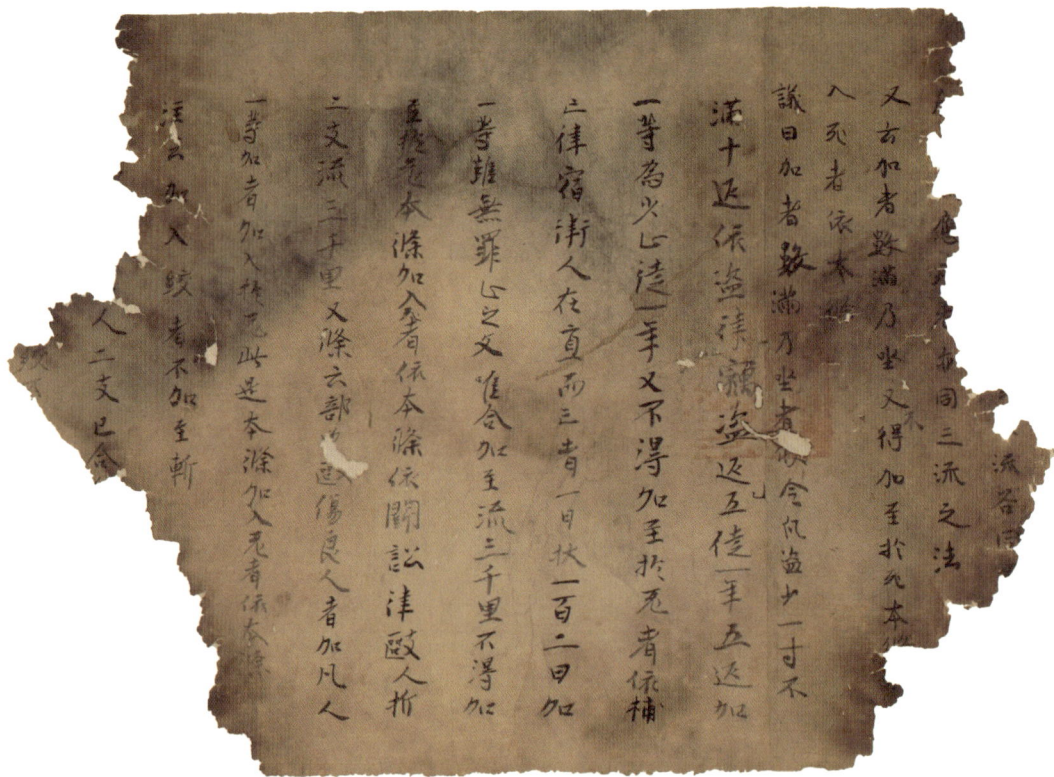

吐鲁番市阿斯塔那墓出土的《唐律疏议》残卷（唐代）

　　吐鲁番出土的法典文书中有大量涉及刑法条文的文书，其内容多能在《唐律疏议》中找到依据。例如，在阿斯塔那193号墓出土的《武周智通拟判为康随风诈病避军役等事》中，康随风假装胳膊受伤来逃避军役。按照《唐律疏议·诈伪》"诈疾病及故伤残"条规定，此人要受到杖一百的处罚。在阿斯塔那509号墓出土的《唐开元二十一年（733年）推勘天山县车坊翟敏才死牛及孳生牛无印案卷》中，作为当时西州天山县交通运输单位——车坊，出现了死牛，而且死牛的皮上没有官府的烙印。按照《唐律疏议·贼盗》"盗杀官私牛马"条疏云："马牛军国所用，故与余畜不同。若盗而杀者，徒二年半。"因此，对于牛的死亡，要追究车坊有关人员的责任。唐朝对牛马的管理十分严格，政府管理的牛马皮上要烙印记，而且定期进行检查。而本案车坊中的死牛经勘验没有印记。《唐律疏议·厩库》"验畜产不实"条："诸验畜产不以实者，一答四十，三加一等，罪止杖一百。"按《唐律疏议》规定，由于车坊中牲畜与实际不符，死牛皮上没有烙印，死牛有偷梁换柱之嫌，天山县车坊有关人员至少要挨四十杖的处罚。通过对这些文书的深入研究和分析可以断定，当时西域实行了唐朝中央政府颁布的法律制度。

　　吐鲁番考古发现的诉讼法律文书不仅数量多，而且保存较为完整，如《唐贞观年间西州高昌县勘问梁延台、雷陇贵婚娶纠纷案卷》《武周天授二年（691年）安昌合城老人等牒为勘问主簿职田虚实事》《西州寡妇梁氏辩辞事》《唐西州高昌县上安西都护府牒稿为录上讯问曹禄山诉李绍谨两造辩辞事》《唐宝应元年（762年）六月康失芬行车伤人案卷》等。其中，《唐西州高昌县上安西都护府牒稿为录上讯问曹禄山诉李绍谨两造辩辞事》案卷记录的是，唐高宗时期居住京师（长安）的胡人曹禄山向西州都督府提出申诉：汉人李绍谨在弓月城（今新疆伊宁附近）向其兄曹延炎借200匹绢后不愿归还，且二人同去龟兹（今新疆库车），但曹延炎却未到达目的地，下落不明。此后，李绍谨不承认借绢之事，曹禄山为追查其兄下落并追回财物，遂与之"构架"（打架），请求官府解决。

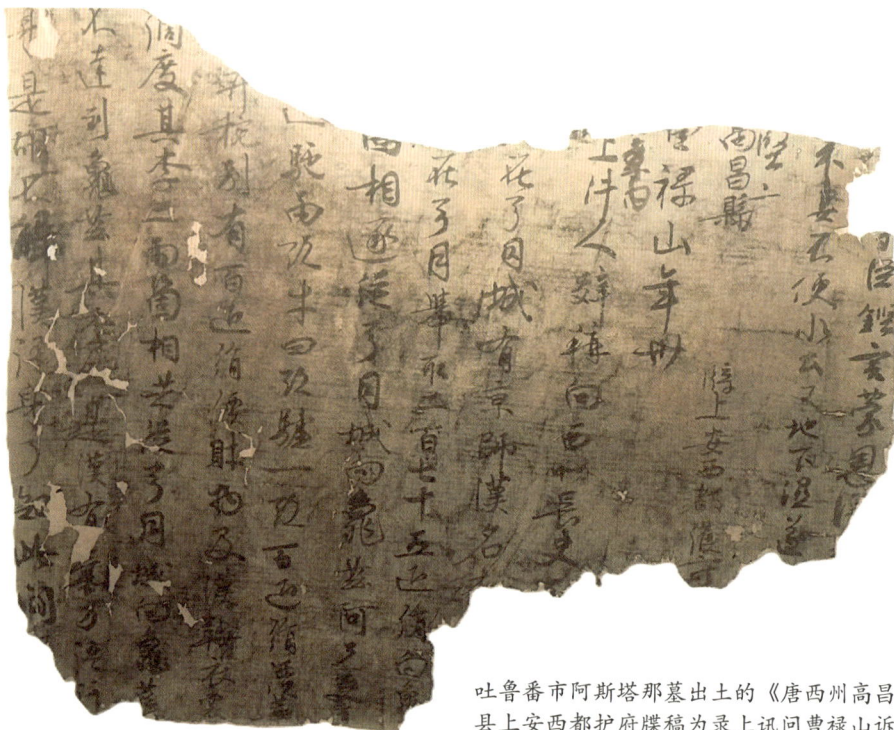

吐鲁番市阿斯塔那墓出土的《唐西州高昌县上安西都护府牒稿为录上讯问曹禄山诉李绍谨两造辩辞事》残卷（唐代）

　　此案卷为高昌县向西州都督府报告的文件，出土时分 8 个残段，虽有残缺，但基本内容能识别清楚。当时，案件交由高昌县审理。经两相对质、调查，李绍谨最终承认借绢一事，并愿意偿还本利共 275 匹绢。由此出土残卷，足以看出唐王朝的律法在高昌、弓月等地都得到了严格执行，且当地官府不因胡、汉之别而有所偏袒，根据律法给予公正处理，有力保障了社会的安定与和谐。

　　吐鲁番出土的唐代法律文书，实证了唐朝中央政府对西域的有效管控。而"以礼入法，得古今之平"的《唐律疏议》，更是以其完备的体例、严谨而丰富的内容成为封建法典的范本，在中华法制文明发展史上起着承上启下的作用，对后世立法影响深远。

20 世纪初以来，新疆民丰县尼雅遗址不仅出土了大量佉卢文简牍文书，还出土了一些汉文木简。截至 2023 年，尼雅遗址共发现各类文书 1191 件，其中汉文文书约 100 件。这些汉文木简无疑是研究新疆历史的重要实物资料，充分表明了汉晋时期精绝、鄯善等西域地区也使用汉文字。

1901～1906 年，英国人斯坦因在尼雅遗址发现 62 枚汉文木简。1931 年，斯坦因第 4 次来到尼雅，其团队再次从遗址中挖掘出 26 枚汉代木简。这些木简采用了当时中原王朝通用的书写形式。其中，一枚木简写有"汉精绝王承书从"7 个汉字，由此确认了尼雅就是《汉书·西域传》中的精绝故址。

中国考古工作者在尼雅遗址发掘了 10 枚汉文木简。其中，在尼雅 N5 佛寺遗址附近发现了带有年代的木简。木简上写有"泰始五年十月戊午朔廿日丁丑敦煌太守都"的汉字。虽然字数有限，但历史价值重大。"泰始五年"是西晋武帝的年号，为公元 269 年。这个明确的日期，为推断该遗址的年代提供了可信的依据，同时也证实了西晋时期精绝与敦煌之间保持着密切联系。

1993 年 10 月，中日联合尼雅遗址考察队第 5 次深入塔克拉玛干沙漠腹地考察。在尼雅佛塔西北约七八千米处的一个房址附近，队员林永建等人发现了两枚木质汉简。其中一枚保存较为完整，顶端写有两个汉字；另一枚已残，最下端遗失，残简长15厘米，正面残存"溪谷阪险丘陵故旧长缓肆延涣"13个汉字，背面上端也残存有3个字迹模糊的汉字，似为"叁全人"。据上海博物馆研究馆员王樾考证，这枚残简是秦汉小学字书《仓颉篇》的残文。

甘肃敦煌、安徽阜阳曾出土多批《仓颉篇》内容的木简，而尼雅遗址《仓颉篇》木简的出土，更是对西域历史的研究有着特殊意义。汉王朝在西域设置都护府后，大力推行屯田和"安辑"政策，即"有变以闻。可安辑，安辑之；可击，击之"（《汉书·西域传》）。为确保这些政策的实施，汉政府需要在西域推行汉语，这样才能使汉朝的政令顺利传达到西域各地。由此，汉文字在西域得以广泛推行运用，《仓颉篇》无疑是当地居民学习汉文字的启蒙课本。

中国历代启蒙课本包括周朝《史籀篇》，秦代《仓颉篇》《爰历篇》《凡将篇》，西汉《急就篇》，南北朝《千字文》，唐代《蒙学》，宋代《三字经》《百家姓》，明代《龙文鞭影》，清代《小学韵语》等。这些识字教材，都是按古代小学生应当掌握的知识来编写的，内容涉及天文、地理、人伦、道德、历史、农耕、祭祀等诸多方面。秦始皇兼并六国后，丞相李斯作《仓颉篇》7章，中车府令赵高作《爰历篇》6章，太史令胡毋敬（一作胡母敬）作《博学篇》7章，均以秦小篆书写，以此作为统一文字的依据。西汉时期，在民间教书的"闾里书师"将此3篇蒙学字书合而为一，统称《仓颉篇》。此书汉代以后不再流行，宋以后即已失传。

民丰县尼雅遗址出土的《仓颉篇》木简（汉代）

尼雅遗址还出土了8枚有关精绝王室成员互相往来的木简，被称为"木签"。木签一面写赠礼内容，一面写着赠礼、受礼者的姓名。其赠礼、受礼者中诸如承德、君华、春君等，可能是来自中原的官员或使者。这说明，汉文字是当时西域与中原人士之间交往的重要媒介。

两汉和魏晋时期，西域和中原王朝保持着紧密联系。中原文化对西域的影响非常深刻，因此中原文化的遗存在尼雅遗址的发现绝非偶然。20世纪以来，尼雅遗址出土了大量丝织品、漆器、铜镜等文物。如"王侯合昏千秋万岁宜子孙"锦衾，"五星出东方利中国"锦护臂、"延年益寿长保子孙"锦、"世毋极锦宜二亲传子孙"锦、"登高明望四海贵富寿为国庆"锦、"金池凤"锦袋等精美织锦，以及"君宜高官"铭文铜镜、龙虎纹铜镜、漆奁等具有中原特色的文物。这些都是精绝、鄯善等西域地区与中原在政治、经济、文化方面交流的重要例证，也从一个侧面反映了中原文化对西域文化的深远影响。

尼雅遗址发现的汉简数量虽然远不及甘肃、安徽、内蒙古等地出土的汉简数量，但其涉及的内容却十分丰富，年代跨度从西汉至魏晋时期。有的汉简反映了精绝人与周边地区的交往情况，如一枚汉简记载着"大宛王使坐次，左大月氏，及上所"；有的汉简记录了当地的日常事宜，如收债、捕人、赠礼等，生活气息浓郁；还有汉简证实了只存在短暂十余年的王莽"新"王朝，也未曾中断与西域地区的往来；而"晋守侍中，大都尉，奉晋大侯，亲晋鄯善、焉耆、龟兹、疏勒于阗王写下诏书到奉"这枚木简，则清楚地表明晋代中原王朝与精绝在内的西域地区保持着密切的政治联系。

尼雅遗址发现的汉简，字迹清晰者文字较为工整，多以隶书为主，书写精妙成熟，反映了汉晋时期精绝书法艺术的特征；而字迹模糊不清者，则令人浮想联翩，引发诸多猜测与思考。

儒家经典在西域的流传——《论语郑氏注》残卷

　　《论语》是儒家的经典著作，以语录体和对话体为主，记录了孔子及其弟子的言行，集中体现了孔子的政治主张、伦理思想、道德观念及教育原则等。《论语》的流传并非一帆风顺。自战国前期成书后，在秦始皇施行"焚书坑儒"政策时，险遭灭顶之灾。直到汉武帝时期，董仲舒建议汉武帝采纳儒家思想，于是便有了"罢黜百家，独尊儒术"的政策，使儒学成为主流，得到广泛的流传。

　　东汉时期，经学大师郑玄用十余年时间写成《论语郑氏注》，对《论语》进行了全面注释，为人们学习《论语》提供了极大便利。北朝时期《论语郑氏注》流传较广，但到了唐代不被人重视，至宋代以后基本上就失传了。21世纪以来，在敦煌、吐鲁番等地出土了不少《论语郑氏注》的残本，使这部书的大体内容得以展现在世人面前。其中，《唐景龙四年（710年）卜天寿写本论语郑氏注》是吐鲁番文书中享有盛名的一个长卷。1969年，考古工作者在吐鲁番的一座古墓中发现了它，其内容涵盖了《论语》的正文以及对正文的注释。

　　这件文书出自阿斯塔那363号墓，是墓主人的书籍随葬，长538厘米，共178行，每行20字左右，存《为政》"何为则民服"章以下15行

吐鲁番市阿斯塔那墓出土的《唐景龙四年（710年）卜天寿写本论语郑氏注》残卷（唐代）

及《八佾》《里仁》《公冶长》3篇。

文书的最后写着抄写者的姓名和籍贯——"西州高昌县宁昌乡厚风里义学生卜天寿年十二状"，表明它是12岁的学生卜天寿抄写的，抄写地点是"西州"，就是现在的新疆吐鲁番。文书上还写着"景龙四年三月一日"，表明其抄写时间是公元710年。这表明在1300多年前，新疆吐鲁番地区就有供适龄青少年上学的学校，而《论语》则是学生们学习的主要课本。

文书书写工整，但字里行间透露出稚嫩的气息，而且还有一些错别字。更有趣的是，这位12岁的学生在做完作业后，还在其上写下了一些充满童趣的诗句："写书今日了，先生莫酰池（嫌迟）。明朝是贾（假）日，早放学生归。""落日西山夏（下），潢（黄）河东海流。人（生）不满百，恒作万年优（忧）。"尽管这些文字中存在一些错别字，但却充满了生动活泼的情趣。文书还提及"义学生卜天寿"和"私学生卜天寿"，表明卜天寿上的是当地的私立学校。义学指的是唐代民间的私塾教学，这种民间私塾教育的存在，扩大了当地民众受教育的机会。由此可见，当时学校教育在吐鲁番得到了普及。

文书年代早于有明确纪年的敦煌写本《论语郑氏注》180年，并且文书中记载的郑注篇章字句都是过去未曾发现或未曾完整发现的，其在文献学上的价值不言而喻。文书所见郑注（包括残缺不全者）共147条，其中前所未见的佚文79条，具体为《为政》6条《八佾》22条《里仁》25条《公冶长》26条。这些新资料极为难得，对研究郑学有很高的价值。此外，文书中还有44条可与散见于各书的郑注相对照的注文，对研究现存郑注佚文有纠谬补证之用。

1959～1975年，考古工作者在新疆吐鲁番阿斯塔那19号、27号、85号、184号、363号5座唐墓中，共发现唐写本《论语郑氏注》残卷20多件。这些残卷，有的拆自男性墓主人的纸靴，有的拆自女性墓主人的纸冠，有的则是随葬物品。在古代吐鲁番地区，用写过字的纸制作死者的服饰或葬具是一种流行的葬俗。正因如此，这些郑注被裁制成服饰或葬具后，难免会有所破损残缺，但仍有大量郑注篇章字句被保留下来。如阿斯塔那184号墓男性墓主人纸靴上拆下来的《论语郑氏注》，经拼合，存95行，包括《雍也》《述而》2篇。

1964年，在阿斯塔那27号墓男性墓主人纸靴上，拆下了4件《论语郑氏注》：第1件存166行，包括《雍也》《述而》《泰伯》《子罕》《乡党》5篇；第2件存95行，也包括《雍也》《述而》《泰伯》《子罕》《乡党》5篇；第3件存50行，包括《雍也》《述而》2篇；第4件存40行，为《雍也》篇。这4件郑注内容重复，笔迹不同。据第3件末记"高昌县学生贾忠礼写""学生李会藏写"推断，这些纸张大概是当时学生的抄经作业，而墓主可能是这些学生的授业先生。

高昌县学生贾忠礼的《论语》手抄本的其中一页，长24厘米，宽25厘米。从书体上看，此页为正书小楷，结构合理，笔法稳健，端庄秀丽，可见

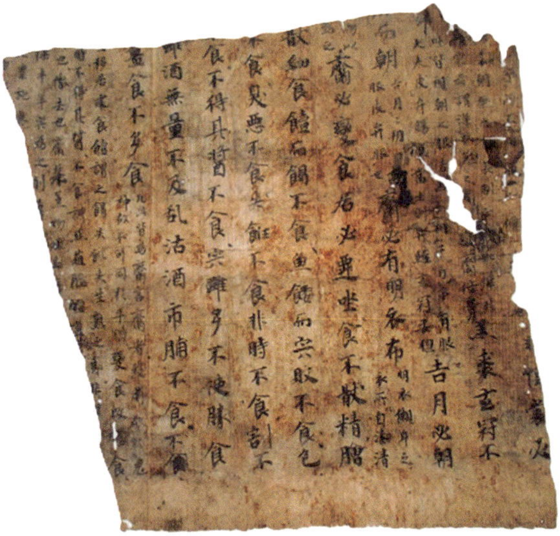

吐鲁番市阿斯塔那墓出土
的《贾忠礼论语郑氏注》
残卷（唐代）

当时高昌地区的汉字书法艺术水平已达到较高层次。专家据此推断，高昌县学生贾忠礼上的是一所官办学校，而非私学。

唐代国势强盛，教育极为发达，形成了相当完备的学校教育制度。由中央直接设立的学校有"六学""二馆"。中央六学属于直系，包括国子学、太学、四门学、书学、算学、律学。六学直隶于国子监，长官为国子祭酒。

由地方办理的学校，在各府有府学，各州有州学，各县有县学，县内又有市学和镇学。所有府州县市镇各学校统属直系，由长吏掌管。地方学校的实际发展，是在贞观年间。到开元年间，府州县学已具有一定的规模并形成相对完备的制度。

唐代私学遍布城乡，制度不一，程度悬殊，既有名士大儒的传道授业，也有村野启蒙识字的私立小学。阿斯塔那唐墓出土的多件《论语郑氏注》残卷，其中大多为官学、私塾教材课本的学生抄本，说明唐代西域的教育和办学等都受到了中原文化的影响。

位于罗布泊西部的楼兰古城，是汉晋时期丝绸之路上的重要节点，也是楼兰王国地方政权前期的经济、政治中心。公元4世纪以后，这座古城逐渐消失在人们的记忆里。1900年，瑞典人斯文·赫定的维吾尔族向导发现了它。后随着斯文·赫定的发掘，逐渐掀开了楼兰的神秘面纱。在楼兰古城遗址出土的大量珍贵文物中，以汉文木简和纸质文书的学术研究价值最高。木简主要涉及汉晋时期军队屯田戍边、公私文函、官吏往来、开垦农田等内容，种类十分丰富。

最早发现楼兰木简的就是斯文·赫定。1901年，斯文·赫定带领探险队在楼兰古城遗址发现121枚汉文木简和36块残纸文书。他将这些带回欧洲，交给德国学者卡尔·希姆莱等人鉴定。希姆莱首先从文书中考释出该遗址是已被流沙掩埋了1500多年的楼兰。不久，希姆莱去世，文书由德国汉学家孔好古继续整理。1920年，孔好古在斯德哥尔摩出版了《斯文·赫定楼兰所获汉文文书和零星物品》一书，公布了对楼兰简牍和残纸文书考释。

1901年，出生在匈牙利的英国人斯坦因在楼兰古城遗址发现汉代木简19枚。

1906年，斯坦因第3次赴新疆考古，沿着斯文·赫定的考察线路，重点在楼兰古城遗址进行考古发掘。之后，他将在天山南麓民丰县尼雅遗址获得的魏晋木简与此次新获的楼兰木简、文书残纸，一并委托给法国汉学家沙畹研究。1909年，中国学者罗振玉从沙畹处得到斯坦因所得的部分资料，并与学者王国维共同研究。他们在1914年出版了《流沙坠简》一书，书中收入了楼兰出土的文书残纸。

1909年，日本探险家橘瑞超赴新疆楼兰古城遗址考察，获得汉文纸文书45件，其中就包括著名的《李柏文书》，其原件现大多藏于京都龙谷大学图书馆。

1930年和1934年，中国考古学家黄文弼两次进入罗布泊，在楼兰古城遗址发掘出土70余枚汉文木简，其中4枚有明确纪年，确定了土垠为西汉

若羌县楼兰古城遗址出土的木简（魏晋）

时期的遗址。这些木简是汉通西域后最早的一批文字记录。在这批木简中，纪年最早为汉宣帝黄龙元年（前49年），最晚为汉成帝元延五年（前8年，实际已为绥和元年）。除木简之外，黄文弼还在楼兰古城遗址发现了大量的五铢钱、铜镞、漆器、丝绸、毛织品等500多件文物，可以窥见当时中原戍边官兵的生活情况。

1980年，新疆考古工作者组织楼兰考古队，发掘出土汉文木简63枚。这些木简是魏晋时期楼兰驻军的公私文书，内容主要为释官、释地、簿书、名籍、屯戍、廪给、器物、买卖及杂释等。

楼兰古城遗址出土的西汉时期汉文木简，反映了中原政权对楼兰的管理情况。这些木简内容繁杂，多为官员日常事务的记录，如谷仓官员收藏粮食和发放粮食的情况，以及屯田戍边、契约、官职等方面的内容。特别是木简上明确记载了诸多西汉时期的官员名称，如军侯、左部左曲侯、左部后曲侯、右部后曲侯、伊循都尉等，这些都是西汉中原王朝在西域都护府设置的吏员。

楼兰古城遗址发现的魏晋时期汉文木简也十分重要。魏晋时期，楼兰地方政权与中原王朝保持着密切联系，使楼兰在西域的地位举足轻重，同时也促进了西域与中原及中亚地区的经济、文化交流。据史书记载和已发现的考古材料，魏晋时期楼兰设有西域长史府。《后汉书·班勇传》记载："延光二年（123年）夏，复以勇为西域长史，将兵五百人出屯柳中（今新疆吐鲁番境内）。明年（124年）正月，勇至楼兰，以鄯善归附。"楼兰古城遗址出土的木简和文书中，明确记载有"楼兰"地点的木简有8件，纸文书有10件，记载有西域长史及其下属官衔的木简有7件，说明魏晋时期的西域长史府治所驻地就在楼兰。

楼兰汉文木简作为重要的历史见证，承载着中央政权对西域的治理理念和文化影响，成为中原与西域交流的生动例证。同时，这些也是研究两汉书体演变和书法艺术的第一手资料。西汉时期，人们已经能够造纸，到了东汉时蔡伦改进了造纸术，但纸张还未广泛使用。当时文字的载体主要有石头、丝绸和竹木，其中木材最为廉价，所以两汉时期质地为竹木的简牍最为多见。

楼兰汉文木简书写的内容或是书信记事，或是公文报告，文字不拘一格，随意性很强，草率急就者居多。从考古发现来看，这些木简大多呈长条形，书写空间受限，但书写者随意挥洒，文字大小不一，错落有致，自成体系。木简的字体有隶书、楷书、行书、草书（章草）等，表现出丰富的创造力。如《居卢訾仓以邮行》木简，采用隶书字体，笔画工整严谨，结构扁阔；《都护军侯》木简，书写自如，表现出章草之风，是新疆汉文木简章草的代表作。

汉代西域屯田戍边的印证——司禾府印

汉代时，西域的社会经济，特别是农业生产有了很大的发展。《汉书·西域传》记载："自且末以往皆种五谷，土地草木，畜产作兵，略与汉同。"在今新疆和田地区民丰县尼雅汉晋时期遗址中，不仅发现有麦粒和麦穗，还有青稞、穈子、谷、蔓菁、桃、杏等遗物。这些农业成就的取得，不仅是西域人民勤劳和智慧的结果，也得益于汉朝政府积极推行的屯田政策。20世纪70年代，民丰县尼雅遗址出土的一枚司禾府印，就是汉朝在西域屯田戍边、发展农业生产的重要例证。

司禾府印形制较小，通高1.7厘米，边长2厘米，是一枚炭精制方印，印文为篆文，阴刻，分两行：一行"司禾"，一行"府印"。印纽为桥纽。从印章的形制和文字可确认，这是汉朝时期管理农业的印章。

史书中并没有"司禾府"这种官署的记载。但《汉书·地理志》有"宜禾都尉治昆仑障"的记录。《后汉书·西域传》亦记载，公元73年，东汉政府曾在伊吾卢（今新疆哈密）有"置宜禾都尉以屯田，遂通西域，于寘诸国皆遣子入侍"。东汉《右扶风丞相李君通阁道》碑文中，也有右扶风丞相李君曾"迁宜禾都尉"的记载。可见，东汉政府为了屯田曾在西域设"宜禾都尉"。而

民丰县尼雅遗址出土的
司禾府印（东汉）

司禾府印的发现，说明东汉王朝曾在尼雅设有专门管理屯田事务的国家机构。

汉朝建立初期，北方游牧民族匈奴兴起，对汉朝构成了很大的威胁。汉武帝时期，为做好远征的后勤保障、实现边陲的长治久安，汉朝在西域实行了屯田戍边的政策。

公元前105年，汉武帝下令护送细君公主与乌孙王和亲的军队在眩雷（今伊犁河谷）屯戍，拉开了西域屯田的序幕。此后，汉朝相继在轮台等地开展了屯田。公元前101年，李广利攻伐大宛取得胜利后，汉朝正式设立"使者校尉"一职，率数百人在轮台屯田积谷，以保障往来使者之需。昭帝即位后，于公元前87年接受了桑弘羊的建议，决定在轮台屯田。此后，屯田区域拓展到车师等地。

公元前60年，汉朝正式设西域都护府，负责当地军政事务，包括管理屯田。公元前48年，西汉政府在车师置戊己校尉，受西域都护节制，其基本职责是屯田积谷，当地的屯田由此得到更大发展。

西汉屯田分为军屯、民屯、犯屯等，相应的制度也逐渐完善。西域的屯田最初为军屯，即驻防士兵平时务农，战时出征。屯兵所需要的生产资料和生活资料均由国家提供，劳动产品全属官府。后来出现了民屯，一般由士兵家属等担当生产主力，屯田所得粮食由屯兵和屯民分成享用，大部分纳入官仓。

东汉延续了西汉在西域屯田的政策。公元73年，汉明帝派窦固在天山东部出击北匈奴，打败匈奴后，留军伊吾卢城，并设置宜禾都尉。公元74年，东汉重新设置西域都护及戊己校尉，以陈睦为都护，驻龟兹；同时，派戊校尉和己校尉分别在车师前后部管理军队屯田。公元91年，班超任西域都护，先后在高昌壁、伊吾卢等地进行了屯田。公元123年，班勇被任命为西域长史，率兵屯田柳中。

汉代时期在西域各地设立屯田点，进行屯田开发，凡有驻军之地，便会有屯田作为经济保障。民丰县尼雅遗址出土的这枚"司禾府印"，证明此地就是当年东汉屯田的一个区域。

汉朝在西域的屯田，保证了军队的粮食供给，提高了军队的作战能力，也使丝绸之路商旅往来更加安全。在屯田过程中，中原先进的生产工具得以传入西域，从而推动了西域农业的发展和生产力的提高，为中原与西域的政治、经济、文化交流作出了重要的贡献。这枚尼雅遗址出土的司禾府印，既是汉朝在西域推行移民屯田的历史见证，也是汉朝加强对西域管理的历史见证。

两汉时期，阿克苏地区曾是古龟兹、姑墨、温宿的所在地。生活在这里的居民，曾创造了灿烂的龟兹文化。当时的中央政府在龟兹设立西域都护府，龟兹一度是西域政治、经济、文化中心。在阿克苏出土的两枚"常宜之印"铜印就是汉朝行使国家主权、对西域进行有效管辖的有力印证。

这两枚"常宜之印"铜印，一枚收藏于阿克苏地区博物馆，另一枚收藏于新和县博物馆。前者为驼纽铜印，出土于新和县排先拜巴扎乡古代遗址，时代为汉代。印呈方形，边长 3.1 厘米，厚 3 厘米。驼纽高 2.1 厘米，骆驼呈跪卧状，脖颈短小，驼峰前后高低平齐，一副憨态可掬的模样。纽中空，印底方形，阴刻篆书"常宜之印"4 字。后者为狮纽铜印，出土于新和县兰合曼古城遗址，时代为晋代。印呈方形，边长 2.3 厘米，宽 2.2 厘米，厚 2.9 厘米。狮纽高 1.8 厘米，狮子呈伏卧状，狮头向后转去，似乎是突然发现了什么目标，一副虎视眈眈的模样。印底部方形面中，同样阴文篆刻有"常宜之印"4 字。

这两枚铜印的纽从形态上看，表现出浓郁的地域特色。骆驼是丝绸之路的象征，它以能长途跋涉于黄沙漫漫的沙漠之中见长，以坚韧不拔、奋勇向前的品质与精神，广为西域人民所喜爱。也正因如此，骆驼形象时常出现在新疆考古发现

新和县排先拜巴扎乡古代遗址出土的驼纽常宜之印（汉代）

新和县兰合曼古城遗址出土的狮纽常宜之印（晋代）

的岩画、陶器、泥塑、金器、钱币、丝绸等各类文物中，如阿勒泰岩画中的
骆驼身影、汉晋时期的和田骆驼钱、吐鲁番交河沟西出土的骆驼形金牌饰、
吐鲁番阿斯塔那墓出土的泥塑骆驼俑和联珠"胡王"骆驼纹锦等。这些文物
中的骆驼形态各异，栩栩如生，展现了当时人们对骆驼的喜爱。

　　狮子在人们心中是勇猛与力量的象征。据考证，中国本没有狮子，是通过
丝绸之路和西域地方政权进贡的方式传入中国的。狮子形象在新疆古代文物中
经常可以见到，有狮形金牌饰、狮纹栽绒毯、狮纹锦、狮纹釉陶壶、狮舞俑等。

　　这两枚铜印的纽表现出浓郁的地域特色，但其汉字铭文"常宜之印"用
篆书阴刻，文字清晰可见，是西域与中原经济文化交流的重要例证。"常宜"
应是"常宜子孙"的缩写。"常宜子孙"这一观念在中国旧式大家族中颇为
常见，就是家长希望自己的家业能够世代沿袭，子孙们长久享受着大家族的
优渥生活。"宜"在古文献中有多种解释，而这里的"宜"有"宜于、适合、
适当"的意思。"常宜子孙"有时也被写成"长宜子孙"，在中原地区汉晋
时期墓葬中十分多见。20世纪50年代，新疆民丰县大沙漠中曾出土过汉代
"长宜子孙"铭文铜镜残片。

　　"宜"字常见于新疆汉唐时期丝绸和铜镜中，如民丰县尼雅发现的"王
侯合昏千秋万岁宜子孙"锦衾、"世毋极锦宜二亲传子孙"锦手套、"君宜高
官"铜镜，吐鲁番阿斯塔那墓出土的"富且昌宜侯王天延命长"锦鞋，洛
浦县山普拉墓发现的"宜家常贵"铜镜，等等。这些带有铭文的文物反映了
汉晋时期西域古代居民对美好生活的憧憬，他们期盼着世代子孙都能前途似
锦、长寿富贵。同时，这也流露出中原文化对西域文化的影响。

　　两汉时期，随着中央政府对西域的有效管辖，印绶制度推行到西域，汉朝
通过授予印绶的方式，任命地方官员行使权力，从而将西域诸城郭纳入汉王朝
的职官体系之中。汉代官印以龟、驼、马等印纽来区分帝王百官。例如，高级
官吏使用龟纽，驼纽、蛇纽、羊纽则是汉魏晋时授予边疆地方长官的常见的官
印纽制。这两枚"常宜之印"铜印，分别为驼纽与狮纽，是汉晋时期龟兹贵族
的私人印章，与当时中央政府颁予边疆地方长官的官方印信风格相似。

唐代西域的官印——蒲类州之印

在西域的历史研究中，印章是一个不可忽视的重要内容，特别是官印。官印对于了解西域地区的官职变迁、行政区划沿革等都有重要作用。考古发现的司禾府印、常宜之印等印章，是研究西域汉代历史的重要实物。然而，汉代以后的西域官印发现较少，好在新疆吉木萨尔县北庭故城遗址发现的蒲类州之印，弥补了这方面的缺失。

蒲类州之印为铜质，高 3.8 厘米，长、宽均为 5.6 厘米，1972 年出土于吉木萨尔县北庭故城遗址，现藏于新疆维吾尔自治区博物馆。经专家鉴定，它是唐朝时期的一枚官方印章，也是新疆境内发现的首枚唐代官印。

唐朝统一西域以后，在西域地区推行两种不同的管理体制，一是直属州县制，此制与中原地区相同，加强了对西域的直接管理。二是羁縻体制，保留了当地旧制，设立羁縻州、县、峒等行政单位（这些行政单位由少数民族首领担任长官，并允许世袭，内部事务自治，但必须接受中央政府的监领），以实现对西域的有效治理。这两种体制相辅相成，共同维护了唐朝在西域的统治。

"蒲类"这个地名，汉代就已出现。东汉大将窦固、耿秉和班超等都曾和匈奴大战蒲类海（今新疆巴里坤湖）。唐朝时期，天山北麓重镇可

吉木萨尔县北庭故城遗址
出土的蒲类州之印（唐代）

汗浮图城改置为庭州，下辖金满、蒲类等县。专家认为，蒲类州与蒲类县有本质的区别。蒲类县是县级单位，治所在今昌吉回族自治州奇台县城东的唐朝墩古城；蒲类州则是羁縻州，治所有可能在蒲类县，地理范围东自今木垒哈萨克自治县，西至今吉木萨尔县南山一带。据文献记载，唐代西域各羁縻州府，都在显庆四年（659 年）"各给印契，以为征发符信"，蒲类州之印有可能就是这个时候颁发的。

　　除了印章实物之外，考古工作者还在吐鲁番唐代古墓出土的纺织品和纸质文书中发现了许多印痕。这些印痕丰富了唐代西域官印的内容，是研究西域古代历史的重要资料。印痕是印章钤盖后留存于纸张、纺织品或泥块上的痕迹。这些印痕虽然并非印章实物，但往往和文书、墓志等文字资料共存。尤其宝贵的是，很多资料本身带有明确的纪年，因而其参考价值甚至高于印章实物。

　　从 1959 年开始到 20 世纪 70 年代中期，考古工作者陆续发掘了哈拉和卓、阿斯塔那墓葬群，在出土文物中发现了大量带有朱色钤印的文书和纺织品。经过一番整理，能够辨识并录文的唐代官印不少，如安西都护府之印、高昌县之印、西州都督府之印、交河县之印、柳中县之印、豆庐军经略使之印、蒲昌县之印、伊吾军之印、左玉钤卫前庭府之印、右玉钤卫天山府之印、沙州之印、伊州之印、瓜州督府之印、天山县之印、交河郡都督府之印、轮台县之印等。可以想见，在这些吐鲁番文书上的印痕背后，应是一枚枚刻有精美文字的印章。遗憾的是，随着时间的流转，这些印章早已消失在历史的长河之中。

　　唐朝对印章的管理十分严格，官印的管理制度从个人专有变为公有，设有监印官负责监督官印的合法使用，还有专门保管官印的官员，实现了官印的所有权和使用权的分离。在《唐书》职官志部分有关于"监印""官印"的记载："凡施行公文应印者，监印之官考其事目无差，然后印之。"也就是说，官印钤用，是要监印官审查无误后方可施行并署名。吐鲁番出土唐代纸质文书中也有"监印""请印"的字样，实证了当时吐鲁番地区官印的管理制度与中原一致。

笏板，作为古代官员上朝时手持的物件，承载着丰富的历史文化内涵。在中国历史文献，象牙笏板多有记载，然而其实物却十分少见。不过，新疆维吾尔自治区博物馆却收藏有两件象牙笏板，是中国境内发现时代最早的象牙笏板实物。它们真实地再现了 1000 多年前笏板的原貌，为历史研究提供了珍贵的实物依据，有力地填补了文物印证方面的不足。

这两件象牙笏板，均是盛唐时期的文化遗存。其中一件于 1973 年在吐鲁番市阿斯塔那 230 号墓出土，长 28 厘米，宽 3.7 厘米，呈长条形，上圆下方。另一件于 1968 年在阿斯塔那 100 号墓出土，长 34 厘米，宽 4.5 厘米，形制与前者相同。这两件象牙笏板保存完好，质地缜密，表面光滑，呈浅黄色。

明代以前的笏板实物十分少见，但从文献记载来看，笏板使用历史悠久。《史记·夏本纪》引郑玄注云："曶（笏）者，臣见君所秉，书思对命者也。君亦有焉，以出内政教于五官。"《释名》中称："笏，忽也……则书其上备忽忘也。"《礼记·玉藻》记载："凡有指画于君前，用笏；造受命于君前，则书于笏。"笏板又称手板，既可用于记录君王旨意，亦可将要对君王上奏的话记下，以防忘却。此外，因君王的颜面是不可直面的，所以笏板还可用来在同君王说话时挡在脸前，以示臣子的谦逊卑微。

在历代笏板中，象牙笏板为较高官阶官员所用，可见象牙备受人们尊崇。考古工作者在 7000 年前河姆渡文化遗址中发现过象牙雕刻的小盅；大汶口文化遗址中曾出土 5000 多年前的象牙梳子和镂空的象牙筒；殷墟妇好墓出土过象牙杯。以后历朝历代象牙制品一直是王宫贵族所推崇的奢侈品。

唐宋时期不同级别的官员穿不同颜色的朝服，使用笏板的质地也相应不同。《宋史·舆服志》记载："笏。唐制五品以上用象，上圆下方；六品以下用竹、木，上挫下方。宋文散五品以上用象，九品以上用木。武臣、内职并用象，千牛衣绿亦用象，廷赐绯、绿者给之。"明代规定五品以上的官员执象牙笏板，五品以下的官员执木笏。到了清朝，笏板被废弃不用。

阿斯塔那 230 号墓出土象牙笏板，为墓主人张礼臣生前所用。该墓还出土了一块石质的墓志，边长 90 厘米，凹刻楷书 900 余汉字，记叙张礼

吐鲁番市阿斯塔那 230 号墓出土的象牙笏板（唐代）

臣的生平事迹。张礼臣字崇良，其祖父张雄为麴氏高昌的左卫大将军、绾曹郎中。唐贞观初年，张雄规劝高昌王麴文泰顺应历史潮流，归顺唐朝中央政府，遭到麴文泰的排斥，最终"殷忧而死"。父亲张怀寂是唐代茂州都督司马，在长寿元年（692 年）跟随唐朝武威将军总管王孝杰收复失陷于吐蕃的龟兹、于阗、疏勒和碎叶安西四镇，为维护唐朝统一做出过贡献。张礼臣本人生前从未做过官，其墓志中记载的"游击将军"为唐代的教官名，"上柱国"为勋官名。唐代勋级分十二等，最高等级是"上柱国"，荣获"上柱国"勋级的人，不论官职多大，都可以享受正二品的待遇。因此，张礼臣墓出土的笏板，完全符合唐朝二品官员配置象牙笏板的要求。

阿斯塔那 100 号墓出土象牙笏板的主人是轻车都尉氾德达。该墓出土

了两件《氾德达轻车都尉告身》，均系纸质文书，且为抄件，原件并没有随葬。在唐代，告身是朝廷授官授勋的凭证，相当于现在的任命书。第一件告身为唐永淳元年（682 年）"告飞骑尉氾德达"，其长为 84.7 厘米，宽为 14 厘米，由 2 张麻纸连接，存文 29 行，出土时已残破不堪。据记载，安西都护府行政长官裴行俭护送波斯王子泥涅师回国时，曾在西州（唐在西域所置三州之一）招兵，氾德达应召入伍。永淳元年，氾德达参加了唐军对西突厥的战争，立下战功，获"飞骑尉"军衔。

第二件告身为唐延载元年（694 年）"轻车都尉氾德达"，其长为 126.9 厘米，宽为 29.2 厘米，由 3 张麻纸连接，存文 35 行，内容基本完整。该告身记载了氾德达曾在番号为"金牙军"的军中效力，在唐军平定安西四镇的战役中，立下战功，升为"轻车都尉"。该告身中还出现武则天时期的宰相豆卢钦望、杜景俭等人的名字，与历史记载一致。在唐朝，"轻车都尉"为从四品上勋官，氾德达墓出土的这件象牙笏板，与其四品勋官级别相一致。

象牙除了用于朝廷笏板之外，还用于官吏朝服中的簪导。五代后晋刘昫等人奉敕撰的《旧唐书》记载："弁冠，朱衣裳，素革带，乌皮履，是为公服。其弁通用乌漆纱为之，象牙为簪导。"考古工作者在阿斯塔那 230 号墓里，除发现张礼臣使用过的象牙笏板外，还发掘出土了一件保存完好的象牙簪，其长 18.8 厘米，直径 1.1 厘米。从该墓出土文书可知，此象牙簪的年代为唐长安三年（703 年），这印证了文献记载的唐代"象牙为簪导"的史实。

1980 年，新疆焉耆回族自治县文管所收藏到一枚用青铜铸造的铜龟符。该龟符发现于焉耆博格达沁古城遗址，长 4 厘米，宽 2 厘米，厚 0.4 厘米。龟符呈椭圆形，龟头部稍尖，四肢短小；背面刻有龟纹，龟腹平坦，阴刻有"同"字。龟头部有一孔，可以穿绳挂带。在龟符发现的地点，考古工作者还采集到开元通宝、波斯银币、金银饰物、陶器等文物，从而推测这枚铜龟符是唐朝时期的遗物。

符是中国古代传达命令、调兵遣将，出入宫门、关隘的重要凭证，早在周代时就已经出现。最初的符由竹子制作而成，后来改用金属，其背面刻有铭文。因为古人崇尚虎的威猛，使得符多呈虎形，遂被称为"虎符"。除虎符外，还有龙符、鹰符、龟符等。对于官员来说，符就像当下的身份证，上面记载着个人的姓名、职位。一虎符剖为左右两半，右半留存于朝廷，左半交给统兵将帅或地方长官保管。两半符的背面各有榫卯，相互对应，只有同为一组的虎符才能契合。调兵遣将时，需要两半勘合验真，命令才能生效。符上"同"字若为阴文，便是雌类；若为阳文，则是雄类，如此便于合符检验。在历史上，虎符的形状、数量、刻铭以及尊卑等方面多有变化。

战国时期就有信陵君窃符救赵的故事。《史记》记载，公元前257年，赵国都城邯郸被秦军围困，形势危急。魏国公子信陵君深知唇亡齿寒的道理，决心救援赵国。然而，要调动军队必须取得虎符才行。经过一番谋划，信陵君通过魏王宠妾如姬的帮助，成功窃取了虎符。凭借着虎符，他顺利地指挥军队，击退了秦军，解除了邯郸之围。

自汉朝至隋朝，虎符均为铜质。唐初，因为忌讳唐高祖李渊祖父李虎的名字，改用鱼符或兔符。武则天建立武周后，因为玄武代表龟，所以又改用龟符。《新唐书》记载："天授二年（691年），改佩鱼皆为龟。其后三品以上龟袋饰以金，四品以银，五品以铜。"也就是说，在武周时期，只有三品以上的官员才有资格用金龟符，四品的官员只允许用银龟符，而五品的官员只能用铜龟符。中宗初，又废除了龟符，恢复使用鱼符。南宋时恢复使用虎符。后世则演变为铜牌。

公元640年，唐朝平定麴氏高昌，建立西州（今新疆吐鲁番）。同年9月在交河城设安西都护府。唐军在西域的强势表现，令包括焉耆在内的西域诸城郭为之震动，它们纷纷期望能加强与大唐的交往。《旧唐书》记载："侯君集讨高昌，遣使与之相结，焉耆王大喜，请为声援。及破高昌，其王诣军门称谒。焉耆人先为高昌所虏者，悉归之。由是遣使谢恩，并贡方物。"对于唐军的到来，焉耆不仅"请为声援"，而且焉耆王亲自到军门谒见，这充分体现了焉耆与唐朝的密切关系。公元648年，唐朝将安西都护府迁至龟兹，并设龟兹、焉耆、于阗、疏勒四镇。公元657年，唐朝平定西突厥阿史那贺鲁叛乱，在天山以北及中亚地区设立了都护府和州，统归安西大都护府管辖。至此，唐朝完全统一西域。此时，安西军府的建制级别由正三品的都护府晋级为从二品的大都护府，成为并号令

焉耆回族自治县博格达沁古城遗址采集铜龟符（唐代）

天山南北、葱岭东西的最高军政建置。四镇长官称镇守使，率军千至万人不等，分驻四地。下辖守捉使、城使、镇将、烽帅等各级军事建置。同时，在这四镇分别建立都督府，皆由四大城郭首领世袭，内政自理，兼统本地兵，但历代都督继任皆须唐朝册封。

唐朝统一西域之后，为稳固治理，承袭了汉代以来在西域的屯田政策。据史书记载，当时西域境内有56个屯田点，其中焉耆就有7个屯田点，面积达3.3万亩。考古工作者在焉耆境内发现了多处屯田遗址，在唐王城遗址中，发现了屯田使用的铁斧、铁犁铧、铁镰、石碾、陶器、纺轮等文物，还出土了小麦、小米、高粱、胡麻、面粉等，说明在焉耆开展的屯田活动推动了当地农业的发展。

焉耆的地理位置非常重要。岑参的《使交河郡，郡在火山脚，其地苦热无雨雪，献封大夫》诗云："昨者新破胡，安西兵马回。铁关控天涯，万里何辽哉。"生动地说明了铁门关有着"一夫当关，万夫莫开"之势。而铁门关所在的焉耆，处于连接安西都护府与西州的丝路要道上，是唐朝经营西域与丝绸之路的关键所在。此外，焉耆还能够有力阻挡吐蕃军队，减小吐蕃在西域东部地区对唐朝造成的威胁。

随着吐蕃势力的崛起，唐朝与吐蕃对安西四镇的争夺愈发激烈。公元692年，武则天派熟悉吐蕃情况的王孝杰为武威道行军总管，率兵入天山以南，成功夺回此前被吐蕃占领的安西四镇。在焉耆博格达沁古城遗址发现的这枚铜龟符，就是当时唐朝收复安西四镇之一焉耆镇的重要例证。这枚铜龟符应该是唐朝颁发给安西都护府下辖焉耆镇军政官员的信物，有了它，焉耆镇的将领才能统领军队。这充分表明，唐朝时期，中原地区的军政管理制度在西域得到了有效贯彻与执行。

　　户口簿是全面反映公民身份状况及家庭成员关系的户政文书，涵盖姓名、籍贯、出生年月日、学历、职业等信息。可谁曾想过，这种具有法律效力的文书，早在1300多年前的新疆吐鲁番就出现过。

　　20世纪60年代以来，新疆考古工作者在吐鲁番市阿斯塔那和哈拉和卓等地发掘出土了大量纸质文书，其中就包括具有一定法律效力的户口管理文书——手实。虽然这些手实残损不全，但依然可以从中了解到当时唐朝政府在户籍管理方面的情况。这些文书在远离唐朝核心地带数千里的边疆出现，反映出唐朝政府包括户籍管理在内的诸多政策在西域的贯彻与执行。

　　公元640年，唐朝平定麴氏高昌建立西州后，在当地推行和中原一样的管理制度，包括郡县制、均田制、租庸调制、手实法等。手实法亦称首实法，是唐朝时期官府令民户自报田地和财产作为征税依据的办法，而手实便是该法的重要工具。

　　手实是当时基层官吏监督下居民自报户内人口、田亩以及本户赋役承担情况的登记表册。据《新唐书·食货志一》记载："凡里有手实，岁终具民之年与地之阔狭，为乡帐。乡成于县，县成于州，州成于户部。"由此可见，唐朝的土地统计政策很完备，先在乡里进行统计，然后汇总成乡帐；乡帐完成后再上报到县，县汇总成县帐；县帐完成后送至州，州汇总成州帐；最后上报到中央户部。唐朝政府颁发的《田令》，对手实的登记时间有相应的规定："诸应收授之田，每年起十月一日，里正豫校勘造簿。至十一月一日，县令总集应退、应授之人，对共给授。十二月三十日内使讫，符下案记，不得辄自请射。"这样，朝廷就能够清楚地了解全国的家庭数量，每个家庭受田和宅地的数量，以及每年应该有的土地赋税收入，从而便于清查和管理。

目前所见的吐鲁番手实文书，年代最早的是阿斯塔那78号墓出土的《唐贞观十四年（640年）九月西州高昌县李石住等户手实》。此文书存8户，户别一纸，未粘连。从其中的"拾""贰""牒"等字的写法来看，笔迹相似，可能出自一人之手，大概率为抄件，而非原件。现录其中较完整的一户于下：

（前　　缺）

年卅七丁男

年肆拾丁妻

□安海年拾伍中男

肆黄男

□女

□□□八十亩未受

牒被责当户手实，具注如前，更［无］加减、若后虚妄，

求受罪，谨牒。

贞观十四年九月　日户主李石柱牒

根据这些残件可知，唐代手实的内容大体分为三大部分：根据现状具户主姓名及户内所有良贱人口，注明年龄、性别、身份等；在均田制下当户"合受田"总数及已受、未受亩数，已受田则分段记载其亩数、所在方

位、所属渠名，及各段田地的四至，并区分口分、永业、园宅地；户主的保证辞。

　　唐朝平定高昌次月，为推行州、县、乡里制度，开始清查户口，分配土地，由里正组织人员入户登记，如《唐律疏议》记载："里正之任，掌案比户口，收手实，造籍书。"专家指出，手实的主要特点就是民户按官府要求申报，并为其真实性负责任。正因如此，如果民户略有文化，会写字，原则上要自己书写；如果民户不识字，可委托他人代书，但户主一定要画指为信。

　　手实是户籍管理和均田制施行的依据，这与当时中原地区推行的手实法相一致。西州高昌县李石住等户手实，是唐西州第一次调查户口的记录。随着时间的推移和经验的积累，户口登记的内容更加丰富。例如，1964年，吐鲁番市阿斯塔那35号墓出土的《武周载初元年（689年）西州高昌县宁和才等户手实》，保存较为完整，上面逐户登记户主姓名、家庭人口、年龄以及资产土地、居住园宅数量、位置、户主的保证辞等。该文书共11件，宽30厘米，全长175厘米，粘接成卷。下面这件手实就很清楚地展示了政府对于田产与房产的双重登记内容：

　　　　1. 户主宁和才年拾肆岁

　　　　2. 母赵年伍拾贰岁

　　　　3. 妹和忍年拾三岁

　　　　4. 右件人，见有籍

　　　　5. 姐和贞年贰拾贰岁

　　　　6. 姐罗胜年拾伍岁

　　　　7. 右件人，籍后死

　　　　8. 合受常部田

　　　　9. 一段二亩（常田）城北廿里新兴　东渠　西道　南道　北曹

君定

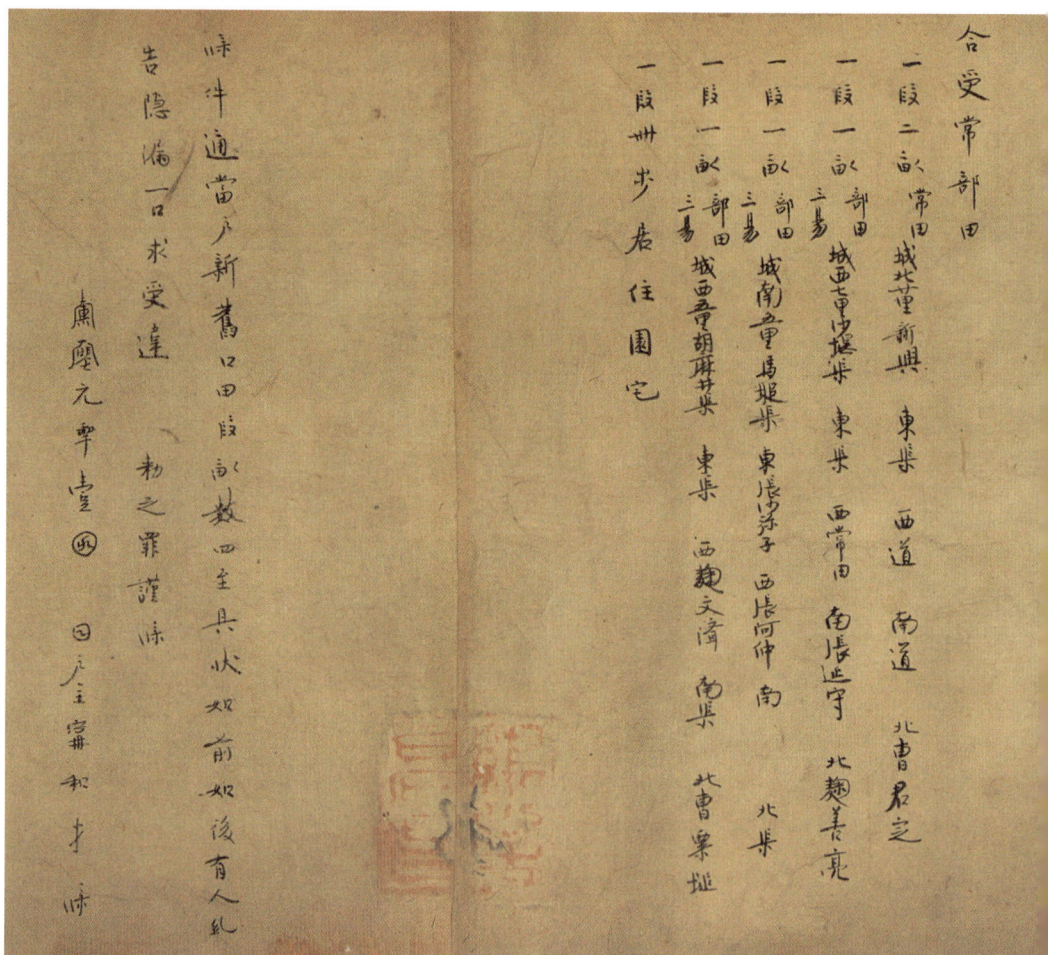

10.一段一亩（部田三易）城西七里沙堰渠　东渠　西常

田　南张运守　北麴善亮

……………

13.一段四步居住园宅

14.牒，件通当户新旧口、田亩段数四至，具状

15.如前。如后有人告隐漏一口，求受违敕之罪。谨牒。

16.载初元年壹月　日户主宁和才牒

吐鲁番市阿斯塔那墓出土的《武周载初元年（689年）西州高昌县宁和才等户手实》（唐代）

　　宁和才申报的这件户口登记文书，详细记录了其家庭人口及所占田地的数量、四至的位置，并表示如有隐瞒一口，甘当受罚，说明当时西州户籍管理制度的执行是相当严格的。手实中所见的"载、初、年、月、日、地"等均出现了武则天时所创的异体新字。手实所录时间距武则天推选新字仅两月，而在西州地区的官私文书都已经普遍使用，可见唐朝中央政令不仅能够迅速传达到西域地区，而且能够得到迅速实施。

　　政令通达、执行有力，是中央政权对地方进行有效管辖与治理的标志。这一点，从吐鲁番出土的手实中可以得到有力印证。

来自中原的杀伤性武器——弩机

在中国古代的武器装备中，弩是重要的作战武器之一。这种利用机械发射羽箭的兵器，是由弓演变而来的，是将原来的弓安置在弩臂上，把用手拉弦的竖弓变为张弦的横弓。与弓相比，弩的射程更远、更准，杀伤力更大。在古代西域，弩也曾多次出现在攻城略地的沙场之上。

新疆考古工作者在楼兰、鄯善遗址中，发现了一些汉晋时期的铜弩机，不过这些弩机都不完整，缺少弓弦和弩臂。铜弩机这种兵器产自中原，西域的铜弩机可能是在西汉时期传入的。楼兰遗址出土的一件汉代弩机，长12厘米，高17.7厘米。它用铜铸造，各部件分别制成后铆合成一个整体，上有钩牙，下有长柄悬刀，外部铆合有廓，廓顶面有箭槽。

关于弩机的史料记载甚多。《吴越春秋·勾践阴谋列传》中提及的"横弓着臂"指的就是弩机。在汉代典籍中，有所谓"五兵"，即矛、弩、剑、戈、锻（见郑玄注《周礼》）。《史记·孙子吴起列传》云："齐军万弩俱发。"《六韬·豹韬·林战》云："弓弩为表，戟楯为里。"《后汉书·天文志上》云："或为冲车以撞城，为云车高十丈以瞰城中，弩矢雨集，城中负户而汲。"《古史考》中虽有"黄帝作弩"之说，但缺乏实物证据。

　　从考古发掘资料来看，弩最早出现在春秋晚期的楚国。河北、河南、四川等地区的战国墓葬里都出土过弩。战国时期，弩在军队里得到广泛的运用，甚至出现了足张和腰引的劲弩。

　　战国时期的军事家孙膑便以善用强弩而闻名。《史记·孙子列传》记载，公元前354年，魏国和赵国联合攻打韩国，齐国田忌携孙膑率兵支援韩国。孙膑认为，魏国的精兵都在攻打赵国，国内防务空虚，主张采取避实击虚战术，向魏国的国都大梁（今河南开封）进军，形成兵临城下之势。田忌采纳孙膑的计谋，率军进攻魏国。庞涓得知消息后，丢掉粮草辎重，星夜从赵国撤军回国。孙膑预先在魏军回国的必经之地桂陵（今河南长垣西北）设下埋伏，当庞涓率领长途跋涉、疲惫不堪的魏军经过时，齐军万弩齐发，大败魏军，这就是"桂陵之战"。

　　汉代时，汉军在西域作战时带来了这种具有较强杀伤力的武器。当时，汉军在抵抗北方强大的匈奴骑兵时，通过测距瞄准的刻度，提高了弩的命中率。《汉书·李广传》记载，

若羌县楼兰遗址出土的弩机（东汉）

李广之孙李陵与匈奴作战时，曾用连弩射击单于。与此同时，匈奴人在与汉军的作战中，也学会了使用弩。《史记·匈奴列传》记载，匈奴兵器"其长兵则弓矢，短兵则刀鋋"。考古工作者在内蒙古墓葬中发掘出土了铜弩机，这些铜弩机很可能就是匈奴军队与汉军作战时缴获的。汉朝军队中还设有专门装备弩的部队。

说起连弩，据说诸葛亮在蜀地时，曾制造过一种连弩。这种连弩的弩箭为铁制，长约 20 厘米，可将 10 支箭放在一个弩槽里，扣一次扳机，就能从箭孔射出一支，弩槽中的箭会随即落下一支进入箭膛，再上弦，又可继续射出。但连弩体积、重量偏大，单兵无法使用，主要用来防守城池和营塞。后来，发明家马钧将其改成一种五矢连弩，使其体积、重量大大减轻，成为单兵武器。但因生产复杂，箭矢也需特制，所以没能大量生产，后失传。

唐弩相较于汉弩，没有显著进步。《唐六典》记载的弩仅有 7 种，种类相对较少。而且，唐弩的射程与汉弩相比，亦未取得明显的突破。北宋时，床弩一度盛行。《武经总要》记载，宋军装备有双弓的双弓床弩、大合蝉弩、斗子弩和三弓的手射弩、三弓弩。明代末年，弩渐衰落。至清代，清军已不再将其作为战斗武器使用。

新疆维吾尔自治区博物馆收藏有当地出土的五铢钱和开元通宝等古钱币。它们虽然铸造年代不同、铸造工艺各异，但都是中原王朝当时在西域行使主权的重要标志，反映出中原地区与西域的密切交流。

五铢钱，得名于钱上的"五铢"二篆字，初铸于汉元狩五年（前118年），此后一直到隋朝都有铸造，但其重量、形制大小不一。唐武德四年（621年）五铢钱被废止，开元通宝成为新货币。

据考证，新疆历史上最早使用的钱币是西汉早期的半两钱。在汉武帝废除半两钱，改用五铢钱后，五铢钱逐渐传入西域。特别是在汉朝设立西域都护府后，五铢钱更是成为西域的主要流通货币，有力地促进了西域与中原地区的经济贸易往来。以五铢钱为媒介，中原的丝绸、漆器、生产工具等传入西域各地，而西域的马、石榴、苜蓿、芝麻、毛布等也传入中原。

20世纪初，英国人斯坦因在新疆和田发现了大量五铢钱，仅在约特干遗址就发现五铢钱470枚。中华人民共和国成立后，新疆考古工作者在和田陆续发现了不少五铢钱。1958年，中国考古学家黄文弼在阿克苏地区库车市的哈拉墩遗址进行发掘考察，发现了很多汉代五铢钱。20世纪

新疆维吾尔自治区博物馆收藏的开元通宝

70 年代，和田买力克阿瓦提遗址一次出土了 45 千克汉代五铢钱。1999 年，和田墨玉县英也尔乡一农民在挖灌溉渠时发现一处窖藏钱币，共 13.5 千克，其中绝大部分为五铢钱，主要有曹魏五铢、蜀五铢等。2015 年，新疆考古工作者在库车市一窖藏遗址中发现了 1.4 万枚铜钱，主要有五铢钱、剪边五铢钱、龟兹无文小铜钱、大泉五十、货泉、龟兹小五铢等。2016 年，新疆文物考古研究所在若羌县罗布泊楼兰古遗址进行考古调查，采集到 30 余枚五铢钱、剪轮五铢钱等汉晋时期钱币。

与此同时，新疆天山以北也发现了五铢钱。20 世纪 70 年代，考古工作者在昌吉回族自治州奇台县半截沟镇征集到一批来自中原的古钱币，其中有西汉五铢钱 10 枚、东汉五铢钱 2 枚、北朝剪轮五铢钱 4 枚，另外还有半两钱、大泉五十、货泉等钱币。专家们推断，这批钱币应来自离半截沟镇不远的汉代古城石城子遗址。该遗址是当年的疏勒城，而这批钱币可能是当时汉兵屯田将士的遗物。

三国至唐代前期，五铢钱仍在西域各地使用，促进了当地经济社会发展，同时也传播了中原文化。比如，钱币的形制、名称很快就被西域居民所接受，他们模仿中原的五铢钱铸造了当地的五铢钱。1959 年，新疆维吾尔自治区考古队在喀什地区巴楚县托库孜萨来遗址发掘出土了一批五铢钱。这批五铢钱分为大小两种，质地为红铜。该遗址还出土了五铢钱陶范、坩埚等铸钱工具，表明在公元 5 世纪前后当地已经能铸造出这种方孔圆钱。

魏晋南北朝时期，龟兹除使用中原货币外，还铸造生产、发行流通汉龟二体钱。该钱币以红铜为主，兼有黄铜，钱币上的铭文为汉文和龟兹文合璧，故也称"龟兹五铢"。1980 年，新疆考古工作者在轮台古城和拉依苏烽燧遗址发现了 200 余枚汉龟二体钱。当时，汉龟二体钱在龟兹境内使用，而龟兹在与中原及西域其他地区的经济往来中则使用五铢钱。这种货币使用机制，体现了当时西域地区经济文化发展多元一体的时代特征。

在唐代大一统的格局下，中原与西域的经济文化交流更加频繁，特别是经济贸易的交流出现了前所未有的繁荣态势，大量中原钱币沿丝绸之路流入西域各地，其中以开元通宝最为多见。唐代以前，五铢钱是中国流行的主要钱币，西域地区除流通汉五铢外，还有汉佉二体钱、汉龟二体钱、常平五铢等具有西域特色的钱币，极大地丰富了中国古代的货币体系。但和中原一样，这些钱币的大小轻重无统一标准。隋五铢也有着多种样式，至隋末战乱，社会上薄、小、劣钱大量出现，再加上前代周、齐、梁旧钱的流通，导致通货状况极度混乱。唐朝建立后，出于统治需要，于高祖武德四年（621年）七月着手整顿货币，颁诏废五铢钱，改铸统一的开元通宝。

开元通宝的发行，在中国钱币形制发展史上有着划时代的意义。开元通宝简称开元钱或通宝钱，开元即有"开国奠基"之意，通宝则体现"流通宝货"之意。铜钱名曰通宝，反映了当时人们对货币作用有了进一步的认识；以钱为宝，则意味着货币即财宝观念的增强。

开元通宝是唐朝主要流通货币，影响了中国千余年钱币的形制、钱文模式和十进位衡法。开元通宝的出现，开元宝、通宝方孔圆钱之先河，宣告了自秦以来流通了 800 多年的铢两货币的结束。从此，中国的方孔圆钱多以通宝、元宝相称，开启了宝文钱时代。它的文字、重量、形制对后世铸造钱币产生了较大的影响，如五代的周元通宝、宋代的宋元通宝都模仿了开元通宝的文字形制。日本、越南、朝鲜的钱制也受到开元通宝的影响。而通宝的称谓更是沿用至近代。

唐朝在西域建立北庭都护府和安西都护府，管理天山南北的军政事务，对西域进行有效管理，所以开元通宝在内的中原货币，在此时大量流入西域各地，成为在西域流通领域的主要货币。

开元通宝在天山南北的唐代及唐代稍后遗址中均有发现。1980年春，新疆社会科学院考古研究所（今新疆文物考古研究所）在罗布泊东北的黑山梁一带发现了大量开元通宝，共970多枚。西域发现的开元通宝，主要分为两大类型，一种是从中原流入的，另一种则是在西域本地铸造的。

2018～2022年，中国人民大学与新疆文物考古研究所合作，对唐朝墩古城遗址进行发掘清理，发掘出了早期唐代院落遗址、佛寺遗址、罗马式浴场遗址和景教寺院遗址等重要的建筑遗存，充分展示了丝绸之路新北道文化交流交融的繁荣景象。考古工作者还发现了大量的陶器、钱币等文物，其中开元通宝的数量多达3000枚，是历年来在新疆境内考古发现开元通宝数量最多的一次。

古钱币承载着丰富的信息，涵盖当时的政治、经济、铸造工艺及历史文化等方面。在新疆，那一枚枚锈迹斑斑的古钱币，更是历史上西域地区与中原地区紧密联系的生动体现和有力见证，彰显着两地在政治、经济、文化方面的密切交流。

儒家礼仪的生活体现——汉代和田衣架

衣架是收纳衣物的好帮手，其历史十分悠久，考古工作者在汉晋时期精绝人及于阗人的墓葬中就发现了保存完好的衣架。

1959 年，新疆维吾尔自治区博物馆考古队在民丰县尼雅遗址开展首次考古发掘。在一座东汉箱式的男女合葬木棺内，发现了两根"木叉"。这两根"木叉"分置于男女身侧，男子身侧的"木叉"长 170 厘米；女子身侧的"木叉"长 117 厘米，"木叉"上还裹着一件淡黄色丝绸女外衣。

1983 年，新疆维吾尔自治区博物馆考古队在和田洛浦县山普拉墓葬中发现了 6 根"木叉"。该墓葬所属时代为汉晋时期，因遭受严重盗扰，主从关系多不明。只是在 M10 墓葬中，可见"丫"字形木棍放在墓主人右侧，"丫"字开口与墓主人头向一致。山普拉墓葬出土的"丫"字形"木叉"外形近同，部分"木叉"的主干树皮，隔一定距离会削去一节，形成几何形花纹，还有一根"木叉"表面曾涂刷黑漆。

1995 年，中日联合尼雅遗址考察队在民丰县尼雅 1 号墓地进行考古发掘，共发掘 8 座墓葬，其中 M1、M3、M5、M8 都发现了"木叉"。这些"木叉"的形制多为"丫"字形，主干末端削尖，入地便利；顶端两叉同样刮削光洁，左右支出，可悬挂衣物。这些"木叉"置于墓主人身侧，若是夫妇合葬墓，"木叉"则会分别置于男女身侧。

从尼雅遗址考古出土情况看，女性身旁的"木叉"悬挂了诸多墓主人的衣物，有淡蓝色绢女外衣、白色绸绢裙、化妆袋（内装铜镜、胭脂粉袋、丝线、带扣等）、栉囊（内装梳篦）、绕线轴等物，还有的裹绕蓝色绢衣、虎斑纹彩锦织袋、帛鱼及革皮木胎小圆桶；而男性身侧的"木叉"上悬系的衣物则有绢缘皮饰件、栉囊、香囊、木弓、锦衣、锦帽、皮腰（带上附剑鞘、匕首鞘）、皮囊、护臂等。由此不难推断，精绝人使用的"木叉"与现代人们使用的衣架功能相同，就是起到悬挂衣物的作用。另外，M3、M5都是夫妻合葬墓，墓主人的"木叉"及衣物分别置于男女两侧，这与《礼记·内则》："男女不同椸枷，不敢悬于夫之楎椸"的说法相符。由此学者们推断，尼雅出土的"木叉"，就是《礼记》中记载的"楎椸"（huī yí）。男女不同楎椸，是精绝汉墓中的一个细节，夫妇衣架有别，彼此不共用，正是遵循了古代楎椸的使用规则。这一细节体现出中原儒家文化对精绝居民的影响。正如考古学家王炳华所说："在这一细节处理的背后，揭示着精绝社会统治集团对儒家礼制的认同，是他们对汉王朝中央统治权威的尊崇，以及汉王朝政治、文化政策在西域的具体贯彻实施情况及所取得的一定成果。"

衣架至少在春秋时期就已经出现，当时的衣架大体分两种形式，一种叫"椸"，是横架的木杆；另一种叫"楎"，形如竖立的木杆。"椸楎"一词一直沿用到唐代，如柳宗元在《永某氏之鼠》中写道："某氏室无完器，椸无完衣。"当时衣架又称为"桁"。韩愈的《寄崔二十六立之》诗云："桁挂新衣裳，盎弃食残糜。"岑参的《山房春事》诗也说："数枝门柳低衣桁，一片山花落笔床。"而"衣架"这个词在唐代就已经出现了，唐代碑刻《孔子庙堂碑》记载："衣架俗架子仿此。"当时的衣架造型多样，多为竹木制作。

民丰县尼雅遗址出土的"木叉"（东汉）

中国目前可见最早的衣架实物出土于湖北随县曾侯乙墓。这件战国楚墓出土的衣架，长 264 厘米，高 181 厘米，整体为横杆式，两侧立柱，立柱下端插于圆形底座上，立柱上端插于横杆上，横杆两端雕成上翘的兽首形态，可防止架上衣物向两侧滑落。衣架在黑漆地上用朱色漆绘云纹、陶纹、麟纹、雷纹、草叶纹等，表现出浓郁的楚文化风格。这种衣架与尼雅遗址出土的"丫"形衣架有一定的差异，这或许与当地居民穿着深衣的习俗有关。深衣是一种上衣下裳连为一体的长衣，其特性要求衣架只能"搭"，而不能"挂"。

甘肃敦煌石窟壁画中也有关于衣架的形象资料，北魏 257 窟南壁后部中层就描绘有一衣架形象。晚唐 38 窟《楞伽经变图》上部所绘的衣架更为明确，由两根竖向木杆支撑一根横向木杆，横杆两端出头，为"开"字形。从战国到明清，这种衣架的造型结构较为稳定，只是随着时代的发展，数量上在不断增多。唐代的衣架实物见于日本正仓院，这里收藏着一件中国唐朝时期的衣架，其造型也是"开"字形。

五代时期的衣架可见于南唐画家顾闳中的《韩熙载夜宴图》。画中卧室大床的侧面就立着双层衣架，上面搭着物品，足见中国人很早就懂得妙用衣架。在古代流传下来的诸多绘画作品中，衣架常置于大床、床榻旁侧或后面，用于悬挂随手放置的衣物，这也反映出当时人们的生活习惯与家居摆设。

宋代流传至今或墓葬出土的衣架十分少见，不过在墓室壁画中尚可一窥其貌。如河南禹州宋墓壁画中的《梳妆图》，里面展示的家具种类繁多，衣架、巾架、盆架、镜架俱全。其中的衣架由两根立柱支撑着一根横杆，横杆两头长出立柱，尽端微向上翘，并雕成花瓣的形状。衣架下部虽被人物遮住，不能窥其全形，但据推测可能已采用两个木墩来稳定立柱。在两根立柱之间，一般还有一根横杆或中牌子，既起加固作用，同时也可挂物。郑州南关外北宋砖室墓墓壁砖雕家具中也出现了衣架形象。该衣架在中间两根横枨之间另加了三根小立柱（即矮老）。上横梁长出两立柱，尽端稍大，做成球形，且微向上翘。洛阳涧西宋墓砖雕家具中也有类似衣架形象的描绘。

明代衣架与前代相比没有太多变化，但更注重木材的选用和装饰的效果，整体造型典雅，装饰精美，雕刻细致，漆色光亮。衣架采用横杆形式，两侧有立柱，上下承木墩底座，两座之间有横板或横枨，立柱顶端安横梁，两端长出立柱，尽端雕出龙凤、灵芝、云头等图案。横杆之下安中牌子，上有透雕装饰，主要起加固作用。明代衣架从选材、设计，到雕刻制作，都达到了很高的艺术水平。

清代衣架与明代相比在形制上没有什么变化，但随着清朝实行"易服"政策，满族服装成为主流，其注重刺绣效果，致使衣架变得更加宽大，承载能力也更强，展现出繁华、端庄、巨大的特性，这是清代衣架区别于其他时代的显著之处。清朝官员头戴顶戴花翎，官服身形较大，所以当时的衣架又被称为"朝服架"，主要用于挂置男用官服。衣架的主梁如同两条仰首的龙，傲气地横卧在那里，寓意官运亨通。此外，衣架上还喜欢雕刻"福""禄""寿"等文字及吉祥图案。这种装饰精美、漆色光亮的衣架，多为王公贵族和富商所享受；平民百姓的衣架就简单了许多，朴实大方且实用性强。

时至今日，衣架的质地变得多种多样，既有别具特色的木衣架，也有采用现代制作工艺及新型合金材料制作的衣架。

纵观衣架的发展史，从春秋时期的椸椻、汉代精绝人的"丫"形衣架，到明清时期雕刻精细、风格华丽的横杆立柱式衣架，不难看出，衣架和其他生活物品一样，经历了由简单到复杂，由低级到高级的发展历程，且不同时期的衣架所蕴含的文化内涵也各不相同。考古发现的衣架实物比较少，明清时期的衣架也只是传世品。因此，新疆和田地区民丰县尼雅遗址、洛浦县山普拉墓葬考古出土的东汉时期衣架显得尤为珍贵，它们为研究新疆古代社会生活习俗提供了重要的实物资料。

中华服饰文化的独特风貌——魏晋南北朝时期的西域服饰

魏晋南北朝时期，国家大多处于分裂割据之态，但西域与中原的政治、经济和文化交流一直没有中断过。这一时期，中原的种桑养蚕、缫丝织锦技艺广泛传入吐哈盆地和塔里木盆地，促进了当地丝织业的迅速发展。彼时，西域不但能够织造各类丝织品，而且能够染色提花，生产具有地方特色和民族特色的丝绸制品，在很大程度上促进了丝绸之路的商品贸易。

这一时期考古发现的服饰，有的表现出一定的地域特色，而有的如襦裙装、裤褶装等则体现出中原文化的特质，整体上表现出多元一体的时代风貌。这些服饰不仅丰富了当时人们的物质生活，也为中华文化的多元发展增添了独特的色彩。

袍服

2003 年，新疆文物考古研究所对位于楼兰故城东北处的壁画墓进行了抢救性发掘。此墓被认为是魏晋时期一个贵族家族的合葬墓，年代约为公元 3 ～ 4 世纪。墓室为前后室，前后室四壁均有壁画，共绘有 11 个男女人物及马、骆驼等动物形象。这次抢救发掘出的服饰，是考古工作者在墓室周围所获，疑为盗墓者遗失所致。

　　楼兰壁画墓出土的交领长袖绢袍，衣长 137 厘米，通袖长 168 厘米。这件绢袍原应穿着在墓主人身上，清理时发现已被人为撕成数片，仅存右襟、左襟上半部及小部分后背。其形制为单层，交领，右衽，长袖。上衣下裳分裁，下部自髋部左右两侧向下开衩，衩部以红、白色绢镶缘。胸部领襟两侧各拼缝一道竖条红绢。右襟为里襟，里襟下裳部分的表面竖向缝缀一端相连的 6 片绢片，并在底缘上纵向装饰绿、黑、紫、浅蓝、红色相间的三角形贴绣，三角的缘边上贴圆形金箔。里襟腰部襟缘处缝缀一条系带。通过分析检测发现绢袍使用的面料纤维为桑蚕丝。

　　楼兰壁画墓出土的半袖袍，衣长 88 厘米，通袖宽（残）64 厘米。此袍交领右衽，喇叭式半袖，束腰，下摆宽大，右边的衣襟、袖子和部分衣领缺

楼兰壁画墓出土的交领长袖绢袍（魏晋）

失。衣服大身面料为淡蓝色菱格纹绮，红色、白色、棕色、淡蓝色绢分别做衣袖、衣缘以及腰间的带饰。里衬为本色绢，领缘内夹白色棉布衬。衣缝两边都有细密、均匀的褶皱，其定型技术尚不清楚。

长袖短襦

楼兰壁画墓出土的长袖短襦，衣长 53 厘米，通袖长 153 厘米，复原后通袖长可达 201 厘米。衣领保存较好，形制清晰，为交领。衣襟、袖用姜黄色绢制成，衣领和袖口采用白色绢。袖为单层，右袖保存相对完整，左袖残破严重。前片衣身与左右袖子相接处，由肩至腰部均有一宽约 5 厘米的绯色绢条。近领襟部分的左右各拼缝有一条宽约 3.3 ～ 3.5 厘米的褐色绢条，领襟内侧还各缝有长约 27 厘米的系带一根。身后片在中缝处分成两片，以宽约为 5 厘米的绯色绢条连接。

楼兰壁画墓出土的长袖短襦（魏晋）

襦裙装

1915 年，英国人斯坦因在新疆吐鲁番市阿斯塔那古墓中，发现了两件保存较好的彩绘木雕女俑。女俑服装款式相仿，上身穿黑地白花交领襦，衣襟为红色宽带和白色窄带组成，两襟胸前交叉，左襟盖于右襟之上，形成

"V"形领口。衣袖为窄袖，袖口处除有红、绿色装饰外，还可见到一段白色，可能为接袖。女俑下身穿彩色曳地长裙，裙长度及臀，直线形下摆，有白色窄边。学者通过阿斯塔那墓地出土文书推断，这两件女俑的时代为东晋时期，她们穿着的服饰是当时流行的襦裙装。

裤褶装

短衣长裤是魏晋南北朝时期西域居民的主要衣式之一。上身所穿的短衣，窄袖且下摆长至胯部，不超过膝盖；下身则是宽松的长裤，两只裤管肥大，这种衣式被称为"裤褶"或"袴褶"。据《释名》记载："袴，跨也，两股各跨别也。"而褶，按《急就篇》云："褶，谓重衣之最在上者也。其形若袍，短身而广袖。一曰左衽之袍。"龟兹人喜欢穿着这种服装，如克孜尔东晋时期的马璧龙王本生故事壁画里就有一位男子，他头戴卷檐尖顶毡帽，上身穿翻领开襟短衣，下身穿束口长裤，是比较典型的裤褶装。穿裤褶装的形象还见于哈拉和卓 97 号墓壁画《庄园生活图》中的马夫形象。马夫深目高鼻，头戴圆帽，上穿短衣，下穿长裤。

裤褶装自东汉传入北方地区汉人之中后，汉人对其进行了改良，将左衽改为右衽，把原本细窄的衣袖改为宽大的长袖。这种短上衣特别便于劳作和征战，因便于乘骑，所以在魏晋南北朝时被广泛用于军旅，成为军将武士的主要服装。正如《晋书·舆服志》载："袴褶之制，未详所起，近世凡车驾亲戎、中外戒严服之。"

裤装

1987 年，尉犁营盘古墓出土了一件百褶裤，其形制现在看来也是非常新颖。此裤呈多褶状，褶纹清晰，层次感强。这是一件男性裤装，裤腰处穿有用毛线编织的带子，裤身长 115 厘米，用原色毛布缝制，裤口为灯笼状。

1972年，阿斯塔那170号墓发现了一件"朱红地对鸟对兽纹锦裤"，从同墓出土的文书中得知，墓主人高昌国长史令张洪死于公元562年，由此可推断，此锦裤应该是北朝时期的珍贵衣物。因墓中出土的《孝姿随葬衣物疏》有"合蠹纹锦袴"的记载，通过出土实物与衣物疏的比对，此锦裤应当就是合蠹纹锦袴。

蠹的本义是虫在木头中咬木。许慎《说文解字》云："蠹，虫啮木中也。"合蠹纹锦袴长104厘米，袴腰高5.7厘米，残长38厘米，直裆长约36厘米，裤腿宽约32厘米，下部收口，宽约24厘米，形制似灯笼裤。合蠹纹锦袴前片腰部残损，后片和裆已缺失。臀部为间色加褶，残损严重。此袴为多种面料拼缝而成，主要面料有合蠹纹锦、蓝色绢、黄绿色绮、红色卷云环锦、几何纹锦等。其中，合蠹纹锦上的图案为圆角方形骨架内填立发人面、花瓶、对鸟、对虎和对鹿等纹样，风格粗犷。袴腰外月层用红色卷云环锦和几何纹锦拼缝，中夹对折麻布衬，开口向下，内层白绢，袴裆处的蓝色绢内衬白纱。

鞋靴

1964年，吐鲁番市阿斯塔那39号墓出土的一双织成履，反映了当时较高的制鞋工艺水平。从墓中同时出土的升平十一年（367年）和升平十四年（370年）的文书可知，它是东晋十六国之一前凉的遗物。履长22.5厘米，宽8厘米，高4.5厘米。履底、帮、里是用麻绳编织的，工艺极为精巧。鞋面由褐、红、白、黑、蓝、黄、金黄、绿等颜色的丝线织成各种花纹和云纹。帮面上还绣有"富且昌、宜侯王、天延命长"10个隶书汉字。这双织成履显示出中原鞋履的风范，是中国古代鞋履中的珍品。

吐鲁番市阿斯塔那墓出土的织成履
（东晋）

南北朝时期的靴子实物见于尉犁营盘古墓之中。营盘出土的一双彩绘刺绣靴子，靴底为皮革，靴面为麻布，靴内衬柔软的毛织物，整体显得比较厚实。靴面、靴筒绣有红、青、黑、蓝等色彩的云朵纹样，像这样具有强烈装饰风格的靴子，在中国唐代以前，实不多见。

手套

楼兰壁画墓出土的刺绣手套用白色绢缝制而成，单层，长 18.8 厘米，宽 11.4 厘米。其款式为直筒式，中间部分以深蓝、浅蓝、白、紫、绛红色等颜色的丝线锁绣云气纹，用同色绢做拇指，在上下用白色绢缝制边缘。

楼兰壁画墓出土的白色绢刺绣手套
（魏晋）

高昌回鹘服饰中的中华文化元素——冠饰、发髻、圆领袍

　　9世纪时，部分回鹘人从漠北西迁至西域，他们相继融合了吐鲁番盆地的汉人，塔里木盆地的焉耆人、龟兹人、于阗人、疏勒人等，构成近代维吾尔族的主体。与此同时，他们在吸收当地居民和中原服饰特色的基础上，创造了丰富多彩的高昌回鹘服饰文化。

　　高昌回鹘男子的发式大多是辫发垂背，这是沿袭了漠北回鹘辫发的传统。此外，他们也和汉族人一样有梳发髻的习俗。这两种发式在新疆柏孜克里克石窟壁画中都可以见到。高昌回鹘男子还有戴各种形制的冠的习俗。一种是尖顶形古波斯式金冠，前高后低，具有波斯风格特征，冠的四周镂空精美的纹饰，用红丝带系于颔下，一般为地位较高的王侯贵族男子所戴。第二种是三尖冠，冠顶耸立着尖三叉，下方为黑色帽筒，系带打结于颔下，一块黑纱垂至于臂或肩后。第三种是扇形冠，呈黑色团扇形，耸立于头顶中部，系带打结于颔下。这几种冠饰在柏孜克里克石窟壁画中多有展现。如《高昌回鹘贵族群像》中，上排8位贵族均戴尖顶形古波斯式金冠；下排8位贵族中，有4位戴扇形冠，另4位戴三尖冠。但无论戴哪种冠饰，他们和汉族人一样都用带子系于颔下。

　　圆领袍是唐朝中原男装中十分流行的服饰，

它和幞头、靴子成为当时男子的套装。当时无论是贵族还是平民，都爱穿着这种服饰。高昌回鹘男子大都穿圆领长及踝骨的长袍，袖口窄小，膝盖以下侧面开衩。高昌首领的袍服以红色锦缎为主，搭配团花图案，尽显富丽华贵之态。贵族阶层大多用质地精良、色彩鲜艳的锦缎。在《高昌回鹘贵族群像》中，贵族们身着圆领、窄袖、偏衽的锦袍，有红、黄、蓝、白、棕、青、灰等多种色彩，襟、袖口、双臂上部、下摆边缘镶饰草叶纹、小方格纹、绳纹等各种纹样。他们腰系宝带，宝带正中挂有长及膝下的装饰性锦带，宝带右侧还挂有一个精巧的皮质小袋，内放日常用品，既实用又美观。而在柏孜克里克石窟的《高昌回鹘王族男供养人像》壁画中，几位回鹘供养人的腰间挂的饰件则更为丰富。他们腰束绿色镶宝石蹀躞带，并附短刀、布袋、黑色角盒等，这种饰件在唐代被称作"蹀躞七事"。《旧唐书·舆服志》载："上元元年八月又制：'一品已下带手巾、算袋，仍佩刀子、砺石，武官欲带者听之……'景云中又制，令依上元故事，一品已下带手巾、算袋，其刀子、砺石等许不佩。武官五品已上佩蹀躞七事，七谓佩刀、刀子、砺

吐鲁番市柏孜克里克石窟壁画
《高昌回鹘王族男供养人像》

石、契苾真、哕厥、针筒、火石袋等也。"男子腰间挂饰件的情况，早在距今 3000 多年的哈密五堡古墓就已出现。这是西北游牧民族特有的一种习俗，大约在两晋南北朝时期传入中原，逐渐为汉族人所接受，后来形成了"蹀躞七事"这种制度。在吐鲁番地区高昌时期的壁画中，回鹘贵族腰间佩带一些日常生活用品，说明了当时各民族服饰文化的相互影响。

高昌回鹘女子的服饰在贵族阶层与平民百姓之间存在着一定的差异。贵族女子的发式多为高耸的发髻，且会用各种饰件加以固定，有的女子头上甚至梳有 3 个以上的发髻，脑后用长绢将头发罩住。相比之下，平民女子大多为辫发，唐代杜佑《通典》中就有高昌"女子头发辫而垂"的记载。在头饰方面，平民女子通常戴一种平顶无檐的圆形花帽，此帽在当时被称作"苏幕遮"。北宋使臣王延德在记述高昌回鹘习俗时写道："妇人戴油帽，谓之苏幕遮。"吐鲁番伯西哈 3 号窟壁画中，一位平民女子身着窄袖长袍，头戴黑色平顶无檐帽，便是对此的生动体现。高昌回鹘女子的传统服饰为通裾大襦，其形制为开襟窄袖，下身宽长。这种服饰的领形多样，既有圆领，也有翻领、"V"领等。柏孜克里克石窟壁画中的《喜悦公主像》，反映了回鹘贵族女子的穿着习俗。画中的公主面容圆润、祥和，头梳的发髻多达 4 个，每个发髻上都插有金簪，并饰流云纹饰。她头戴桃形花冠，双耳戴着镶宝石的耳环，内穿套头式的圆领襦衣，外着翻领窄袖锦缎长袍，尽显贵族风范。而在柏孜克里克石窟的《高昌回鹘王族女供养人像》壁画中，供养人耳垂叶片形缀饰，头戴具有中原特色的如意形冠饰，如角前指；脑后束红色长绢带饰，这与《新五代史·四夷·附录三》中"红绢束发"的记载相吻合。她们内穿橘黄色圆领衣襦，外着黄色翻领长袍，领上绣有精美的卷草纹，且在领边、襟缘、袖上臂以及袍的膝盖部位都饰有联珠纹样。

吐鲁番市柏孜克里克石窟壁画《高昌回鹘王族女供养人像》

发髻是中国古代中原汉族的主要发式。商周时期，男女皆以梳辫发为主，到了春秋战国以后，梳发髻的现象逐渐增多。男子发髻较为简单，而女子发髻的形制则异常丰富。在西域汉代墓葬中虽可见少量发髻式样，但形制单一。自南北朝以来，随着西域与中原地区经济文化交流的日益频繁，发髻这种更能表现女性个性的发式，深受西域女子的青睐。到了唐朝，梳发髻更加盛行，并且愈发丰富多样。

关于发髻的历史文献资料十分丰富。《妆台记》《髻鬟品》《炙毂子》《新唐书》《中华古今注》以及唐人诗词中提到的发髻就有30多种。西域女子的发髻也是花样繁多，不仅有中原地区受欢迎的发型，还有根据个人喜好而特意创新的式样，主要有峨髻、回鹘髻、交心髻、堕马髻、假髻、低髻、螺髻、丫髻、双鬟髻、鸟髻等发式。这些各式各样的发式在新疆吐鲁番唐墓出土的木俑、泥俑、绢画以及新疆各地石窟壁画上都可以见到。

峨髻是一种高束的发髻，因此也叫高髻。这种发式自汉代在中原地区流传。当时京城长安流传的童谣说："城中好高髻，四方高一尺。"到了唐朝，这种耸立于头顶的高髻仍然风行不衰。盛唐时期的峨髻高达30多厘米。唐代诗人元稹在

《李娃行》中写道："髻鬟峨峨高一尺，门前立地看春风。"唐代周昉的绢画《簪花仕女图》也生动再现了唐代贵族妇女所梳的这种发式。这种发式在新疆吐鲁番唐墓中比较多见，最典型的是 1972 年吐鲁番市阿斯塔那 188 号墓出土的一尊峨髻仕女头像。头像高 24.5 厘米，颈部以上为泥质，制作精美；颈部以下为木质，雕刻简陋，缺少四肢。她脸部化妆，鼻梁挺直，樱桃小嘴，双唇紧闭，弯曲的细眉下是一双有神的丹凤眼，额际间饰有精美的四叶纹花钿。其发髻比较高大，敷黑彩，前部粗圆呈锥状，后部扁薄呈刀刃形，发根部用粗绳系住。在发髻的正侧面，分别用黄线绘出卷草纹，图案清晰精美，两鬓头发分别罩住左右耳朵。

回鹘髻是唐代回鹘女子中流行的一种发式。其先发束于顶，然后将头发在头顶挽成椎状，发髻根部用红绢系住。1972 年，阿斯塔那 187 号墓出土的唐代绢画《弈棋仕女图》中，贵族妇女梳的就是这种发式。

安史之乱爆发后，回鹘两次出兵协助唐朝平叛。此后，回鹘与唐朝往来密切，不仅有和亲之举，还开展了绢马互市，这也使得回鹘人的装束在长安等地流行起来。唐代宇文士及的《妆台记》曰："开元中梳'双鬟望仙髻'及'回鹘髻'。"陕西乾县永泰公主墓所见线刻妇女形象中有梳回鹘髻的。唐代开元年间，这种发髻在汉族女子中广为流传。《新五代史·四夷·附录三》中记载："妇人总发为髻，高五六寸，以红绢囊之；既嫁，则加毡帽。"甘肃瓜州县榆林窟

吐鲁番市阿斯塔那墓出土的峨髻仕女头像（唐代）

吐鲁番吐峪沟古墓绢画
《胡服仕女图》中女子所
梳交心髻（唐代）

吐鲁番市阿斯塔那336
号墓出土的女立俑所梳
堕马髻（唐代）

画上的一组供养人像里，五代回鹘圣天公主曹夫人梳的也是这种发髻，它集束于顶，被一顶桃形的冠帽罩住，仅露出扎着红绢带的髻根。在贵妇人身后，站立着3位侍女，其中一位未戴冠帽，可以清楚地看到这种发髻的形制，如一个葫芦的下半部，竖立于头顶。

交心髻也是一种高髻。这种发式的梳挽方法是集发于顶，分成两股，编挽时，两相纠结，呈交叉状。宋代《太平广记》记载："玄宗在东都，昼寝于殿。梦一女子容色浓艳，梳交心髻，大帔广裳，拜于床下。"陕西乾县永泰公主墓所见线刻的妇女形象亦有梳交心髻的。吐鲁番吐峪沟古墓的一幅唐代绢画《胡服仕女图》中，身穿翻领窄袖胡服的女子，头上梳的就是这种发式。

堕马髻是流行于汉代的一种发式，这种发式兴起于东汉桓帝时期。当时外戚梁冀的妻子孙寿姿容出众且擅长装扮，她发明了堕马髻，就是将头发在头顶梳成一个似坠非坠、偏向一侧的大髻，营造出一种不稳定的动态美感，因为看上去像刚从马上摔下所致，所以叫堕马髻。南朝梁徐陵的《玉台新咏序》记载："妆鸣蝉之薄鬓，照堕马之垂鬟。"这种发式增添了女子的娇媚之态，故而得以流传后世。直到隋唐、五代时期，堕马髻仍颇为盛行。唐代时这种发式传到西域。1960年，吐鲁番市阿斯塔那336号墓出土的一尊女立俑，上身穿浅蓝色窄袖长襦，下身穿土黄色曳地长裙，双手拱于胸前，发髻偏向左侧，再现了唐代西域女子梳堕马髻的形象。

低髻是唐代西域女子特有的一种发式。阿斯塔那 187 号墓出土的《弈棋仕女图》中，侍女梳的就是这种发式。它的梳法是先将头发梳上头顶，再压成低髻。低髻虽然没有高髻那样繁复精致，但年轻女子梳这种发式自有一种清秀伶俐之感。这种发式在唐人诗词中也有表现，如温庭筠在《郭处士击瓯歌》中写道："宫中近臣抱扇立，侍女低鬟落翠花。"由此可知，低髻应是唐代侍女的发式。

螺髻兴起于印度，后随佛教传入西域。吐鲁番市柏孜克里克石窟佛陀或壁画中的菩萨大多是此发式。1972 年，吐鲁番市阿斯塔那 187 号墓出土的屏风画《舞伎图》中，服饰华丽、仪态端庄的年轻女子梳的就是螺髻。螺髻传入中原后，深受中原女子的喜爱。唐代诗人和凝在《宫词》中就有"螺髻凝香晓黛浓"的描写。陕西乾县永泰公主墓壁画中也有一侍女梳螺髻。螺髻不仅在唐代广泛流行，而且对宋、明两代女子的发式影响很大，当时女子皆以梳螺髻为尚。

在中国传统的审美观里，头发的长短、疏密是衡量女子美貌的标准之一。有些女子为了使自己的头发从视觉上显得丰厚，在梳理高髻时，往往在真发中掺入他人毛发，甚至制成现成的假发，所以假发在古代十分流行。有人说假发起源于春秋战国时期，但新疆考古工作者在且末县

吐鲁番市阿斯塔那 187 号墓出土的《舞伎图》（唐代）

新疆维吾尔自治区博物馆收藏的假髻（唐代）

扎滚鲁克古墓中发现了一具距今2800年的女尸，她头梳4条辫子，其中2条为假发。此外，考古工作者在年代稍晚的鄯善县苏贝希古墓、洛浦县山普拉古墓、吐鲁番市阿斯塔那古墓中，也都发现了与假发习俗相关的考古资料。由此可知，假发习俗在西域由来已久，而且流传十分广泛。用假发梳成发髻叫假髻，又叫义髻。《新唐书·五行志》曰："杨贵妃常以假鬓为首饰，而好服黄裙。近服妖也。时人为之语曰：'义髻抛河里，黄裙逐水流。'"1973年，吐鲁番市阿斯塔那206号墓出土的一尊木胎女舞俑，其所梳发式就与假髻十分相似。

新疆维吾尔自治区博物馆收藏有一件唐代假髻，于1972年在吐鲁番市阿斯塔那184号墓出土。它高13.5厘米，宽6.5厘米，以麻布为衬里，用棕毛缠绕在麻布上，再经过染色处理制作而成，现为棕黑色，呈螺旋状，工艺精细，比例匀称。其使用方法是先将头发束至顶部后，再将发套扣在其上面用簪子固定。这件假髻为研究古代西域女子发式提供了实物资料。

丫髻是中国古代未成年女子普遍梳编的一种发式，又称丫头、鸦头。其状犹如树枝间的丫杈，故而得名。丫髻出现得很早。商代妇好墓出土的一件玉雕儿童，头上就梳两个小结，以后这一发式历代沿用，成为未成年女子的专用发式。1960 年，吐鲁番市阿斯塔那 336 号墓出土的泥塑女俑头像，高 25.8 厘米，宽额宽鼻，粗眉大眼，眼珠呈蝌蚪状外露且黑白分明，厚唇紧闭。其头发敷黑彩，从顶中凹处划分出左右两部分，至脸颊两侧再梳成粗大实心的发髻，斜垂于双耳之上，发髻上系着的 3 条绳印清晰可见。

柏孜克里克石窟壁画《贵妇礼佛图》中贵妇身旁的女子，穿汉式红色丝织长袍，耳穿环形缀饰，丫髻梳于头顶两侧，中间用白绢系结，使发髻不易散乱。此女子眉目清秀，表情稳重，由于头梳双丫髻，更显青春活力。

双鬟髻又称丫鬟髻，是盛唐时期备受青年女子青睐的一种发式。其梳法是把头发分成两股，梳理成环状，分别附左右两鬓。唐代诗人花蕊夫人在《宫词》中写道："年初十五最风流，新赐云鬟便上头。"李嘉祐的《古兴》亦云："十五小家女，双鬟人不如。"足见双鬟髻在当时的受欢迎程度。

吐鲁番喀拉和卓古墓壁画中的少女所梳的鬟髻十分独特，有双环和低环两种类型。低环垂于脸颊两侧，正如王建在《舞曲歌辞·白纻歌》中所描述的"低鬟转面掩双袖"。双环则梳成两个圆环状，用丝绢结于头顶两侧或耳上方。鬟髻和丫髻的主要区别在于，丫髻为实心的发团，鬟髻为空心的发环；丫髻为未成年女子的发式，而女子成年以后要改梳鬟髻，出嫁后则会改梳其他发髻。

鸟髻是中原地区十分少见的唐代西域女子特有的一种发式。这种发式见于 1972 年吐鲁番市阿斯塔那 188 号墓出土的一尊泥塑女俑头像。女俑面目清秀，头上有一只展翅欲飞的小鸟，故而此发式被称为鸟髻。鸟是古代西域人民喜爱的一种动物，其形象在新疆古墓出土的丝、毛织物中十分常见。梳鸟髻的寓意非常明显，那就是希望幸福鸟降临在自己的头上，表现出唐代西域人民对美好幸福生活的向往。

这些各式各样的发髻，不仅是一种装饰，更是唐代西域文化的重要组成部分，为人们了解当时的社会风貌和文化交流提供了珍贵的线索。

1 吐鲁番市阿斯塔那墓出土的泥塑女俑头像（唐代）

2 吐鲁番市阿斯塔那墓出土的泥塑鸟髻女俑头像（唐代）

西域女子发间的点缀——簪与钗

　　簪与钗是用于固定或装饰头发的首饰，是中国古代女子常见的发饰。先秦时期，簪被称作笄。据《仪礼》等文献记载，古代女子未满15岁，发式是丫髻，头上不插笄；女子年满15岁，要举行笄礼，表示已成人。而古代男子用发簪，是起到固冠的作用。正如《释名·释首饰》记载："笄，系也，所以系冠，使不坠也。"到了汉代以后，发笄逐渐被发簪所代替。《史记·滑稽列传》里说："前有堕珥，后有遗簪。"簪在中国新石器时代遗址中有大量的发现，当时的发簪以骨簪和木簪为主，此外还有玉簪、蚌簪、石簪等。商周时期，骨簪依然占据重要地位。两汉以后，铜、金、银、玉、琉璃等质地的发簪逐渐增多。

　　新疆各地墓葬中都发现了簪与钗，特别是簪，不仅数量可观、质地多样，且不同时代、地域的簪都各具特色。钗与簪相比，出现的时间较晚，为女性专用，这种具有东方特色的女子发饰于汉代从中原传入西域。新疆考古发现的汉至唐朝时期的钗，虽然数量不多，但反映出中原地区包括发饰在内的服饰习俗对古代西域女子的影响。

精彩纷呈的簪

新疆文物考古研究所收藏的一枚骨簪，保存较好，长8.2厘米，球形柄，出土于若羌县孔雀河古墓沟墓地20号墓，距今3800年，是新疆境内迄今发现的时代最早的簪。

距今3000年左右，西域居民开始使用铜簪，新疆各地墓葬遗址中发现了很多从西周至汉晋时期的铜簪。2011～2012年，新疆文物考古研究所对和静县莫呼查汗古墓葬进行了抢救性发掘，其中M128号墓出土的铜簪保存完好，长26.4厘米，直径0.7厘米，一端铸有立马一匹，表现出草原游牧文化特色。

2011年，为配合布尔津县也拉曼水库建设，新疆文物考古研究所对水库所涉及的6处墓地进行了考古发掘。其中，博拉提3号墓地6号墓里出土了一枚鸡首铜簪。它通长17.7厘米，簪首长6.5厘米，顶部有直立的鸡形图案，阴线刻有羽毛和尾部。专家认为，此鸡首铜簪是春秋中期的文化遗存。

质朴的铁簪在民间使用广泛。2004年，新疆文物考古研究所在巩留县山口水库墓地发掘出一枚铁簪。此铁簪长12.5厘米，直径0.3厘米，虽锈蚀严重，但依然可以看出其形制，一端呈圆球状，一端呈尖状。此墓地还出土了一枚包金簪头。它直径2.1厘米，呈圆球状，用黄金模压而成，上面装饰着花瓣纹和交错的弧

布尔津县博拉提3号墓出土的鸡首铜簪（春秋）

线纹。簪体残破缺失，从断口看，簪体为铜质。考古工作者还在此墓地发掘出石眉笔、眉石、三羊纹金耳环、玻璃珠、玛瑙、珊瑚珠等饰品，它们与簪一起勾勒出古代西域女子生动鲜活的生活场景。

到了汉代，发簪之上可见文化交融之象。1976 年，新疆维吾尔自治区博物馆考古队在尼勒克县哈拉图拜墓中发现了一枚鹤首金簪，全长 12.5 厘米，簪杆为铜质；鹤首用金打制而成，高 0.5 厘米，鹤呈展翅飞翔状。这种金簪表现出一定的中原风格。专家通过对墓葬的形制和出土的陶器进行研究，认为哈拉图拜墓出土的文物，是汉朝时期乌孙人的文化遗存，而这枚鹤首金簪有可能是中原王室赠送给乌孙贵族女子的礼物。

唐代，象牙簪是贵族女性喜爱的发饰之一。1972 年，吐鲁番市阿斯塔那 230 号墓出土的一件象牙簪，长 18.8 厘米，粗 1.1 厘米。从该墓出土文书中得知，象牙簪的年代为唐长安三年（703 年）。

吐鲁番市阿斯塔那 230 号墓出土的象牙簪（唐代）

唐至宋时期，簪花在西域十分流行。这一时尚不仅在出土文物中有所体现，石窟壁画中亦有迹可循。吐鲁番市柏孜克里克 20 窟壁画里的两位回鹘贵族女子，她们脸部丰腴，细眉，丹凤眼，鼻梁挺直，小口朱红，身着饰有珠宝的红色连衣裙，高耸浓密的发髻上簪满了各种鲜艳夺目的花朵，反映了西域女子的簪花时尚。此外，吐鲁番市高昌故城遗址出土

的一幅唐代绢画中，一女子面目清秀，身着红衫，头发上簪
满了花朵与珠饰，十分引人注目。

风情万千的钗

发钗和簪在功能上是相同的，但两者的结构有所不同：
发簪通常为一股，而发钗则为双股。最早的"钗"字被写作
"叉"，因为它的造型如同枝杈。《释名》曰："叉，枝也，因
形名之也。"《中华古今注·钗子》："钗子，盖古笄之遗象也。
至秦穆公以象牙为之。敬王以玳瑁为之。始皇又金银作凤
头，以玳瑁为脚，号曰'凤钗'。"钗不仅是一种饰物，还是
一种寄情的物品。古代恋人之间有赠别的习俗：女子将头上
的钗一分为二，一半赠给对方，一半自留，待到他日重逢时
再合在一起。辛弃疾《祝英台近·晚春》中的"宝钗分，桃
叶渡，烟柳暗南浦"，即在表述这种离情。迄今发现的最早
的钗出自春秋时代，是用一根完整的动物肢骨做成的，上面
还烙有图案。

用各种宝物镶嵌或做成的钗叫作"宝钗"，名贵的宝钗
价值连城。与宝钗相对的就是"荆钗"了，最初的荆钗的确
是用荆条做成，不过后来铜、铁等材质的发钗也都被叫作
"荆钗"。《列女传》中就有"梁鸿妻孟光，荆钗布裙"的记
载，可见，"荆钗"还被用来代称贫苦女子。在新疆考古发
现中，很难找到用荆条做成的荆钗，但铜钗相对多见。

1997 年，中日联合尼雅遗址考察队在尼雅遗址采集到一
件汉晋时期的铜钗。它长 15.8 厘米，钗头直径 1 厘米，钗身
单股直径 0.25 厘米，钗身细长，双股平行，钗头上饰有一圆
形暗红色玛瑙。尼雅遗址还出土过一枚造型独特的汉晋时期

的铜钗。此铜钗用一根通条弯曲而成，一端为 4 股，连续弯出 4 个 "S" 形，这种造型的铜钗十分少见。2016 年，新疆文物考古研究所在罗布泊地区进行考古调查，又出土了一枚汉晋时期的铜钗。它长 5.8 厘米，铜条粗 0.3 厘米，由细铜条弯曲而成，呈 "U" 字形，双头较锐利。

1997～1998 年，巴音郭楞蒙古自治州博物馆为配合罗布泊地区的石油勘探开发，对楼兰古城周边地区进行考古调查。考古工作者在罗布泊西岸采集到一枚魏晋时期的铜钗。此铜钗长 11 厘米，粗 0.6 厘米，钗头宽扁，有 3 道凸棱，之间有一细柱连接。

晋唐时期的西域高昌女子大多使用铜钗、银钗和金钗。1960 年，吐鲁番市阿斯塔那 336 号墓出土了两枚唐朝时期的铜钗。其中一枚呈素面，形如 "U" 形，两端均圆钝，长 8 厘米，直径约 0.2 厘米。1972 年，阿斯塔那 148 号墓出土的一件银钗，长 10.8 厘米，上端宽扁，下端细长，变形，是麹氏高昌时期的遗物。目前新疆境内很少发现唐以前（包括唐代）的金钗实物，但吐鲁番文书中有关于金钗的记载："金钗一双、团花一枚、胭脂、胡粉、黑黛……"

簪与钗，是中国服饰百花园中引人注目的饰品。它们或简单古朴，或华丽繁复，不仅满足了人们的日常所需，更是中华民族审美理念与卓越工艺的鲜活呈现，彰显着独特的魅力与价值。

吐鲁番市阿斯塔那 148 号墓出土的银钗（北朝）

锦袍上的吉祥文字与纹饰——万世如意、茱萸纹、云气纹

丝绸是中国古代重要的创造发明之一，体现了中华文明的重要特征，正所谓"锦绣中华，衣被天下"。汉代时，丝绸通过丝绸之路传入西域，对当地的服饰文化产生了重大影响，带有中华传统纹样的华美柔软的丝绸服饰，深受西域各族人民的喜爱。在新疆民丰县尼雅遗址发现的一批丝绸服饰，为当时精绝人的衣冠服饰，其中最为著名的就是1959年出土的"万世如意"铭文锦袍，它是西域与中原经济文化交流的重要例证。

这件保存较为完好的锦袍，出土时色彩十分鲜艳，穿于一位深目高鼻的男子身上，袍长122.5厘米，具有典型的当地服饰特征，也就是被中原人称为"胡服"的款式。汉代中原男子服装多为深衣，这种服装采用大袖，与胡服的窄袖有明显不同。深衣采用交领，领口很低，右襟宽大，可绕到背后。而"万世如意"铭文锦袍，虽然是用中原地区的丝绸缝制，但形制为直领、对襟、窄袖、宽腰，且在侧面加缝一块三角衣料，增加了下摆的宽度。下摆长142厘米，腰摆宽度要比汉式的曲裾袍大许多。

中原与西域的交流是双向的，中原的丝绸传入西域，而西域特色的胡服传至中原。东汉晚期，汉灵帝刘宏崇尚胡服，其行为引得其他贵族纷纷效仿，从而使胡服在京城流行开来。

"万世如意"铭文锦袍的领襟和下摆用"延年益寿大宜子孙"铭文锦制作。锦袍质地厚实，以绛紫色为地，配有淡蓝、油绿、白色显带叶曲卷的茱萸纹和飘逸的云气纹。"万世如意"4个汉字铭文穿插于这些精美的纹饰当中，配色和谐，花纹繁茂，具有东方经锦的工艺技术特色。"万世如意"表达了人们对美好、幸福、祥和生活的祝愿，这种祝福语两千多年来一直盛行不衰，直到今天仍然是喜庆节日时的常用祝词。另外，1995年，民丰县尼雅古墓中出土的"五星出东方利中国"锦护臂、"王侯合昏千秋万岁宜子孙"锦衾、"世毋极锦宜二亲传子孙"锦手套等都蕴含着大吉大利、长生不老、多子多孙等寓意。这些附有铭文的服饰在西域古墓中出现，无疑反映了汉晋时期中原文化对西域服饰文化的影响，也反映了当时西域与中原有着较为密切的经济文化联系。

民丰县尼雅遗址出土的"万世如意"铭文锦袍（东汉）

　　除了隐约可见的"万世如意"铭文之外，"万世如意"铭文锦袍上最为多见的还是茱萸纹和云气纹。这两种纹饰是中原地区人民喜欢的图案，多用于丝绸缝制的服饰当中。

　　茱萸，是一种常绿带香的植物，有杀虫消毒、逐寒祛风等功效。中国古人有在农历九月九日重阳节时爬山登高，臂上佩戴插着茱萸的布袋，饮菊花酒的习俗。他们认为佩戴茱萸能够辟邪消灾，故而将其誉为"辟邪翁"，象征着"万世"。如三国魏曹植的《浮萍篇》曰："茱萸自有芳，不若桂与兰。"《西京杂记》卷三记载："九月九日，佩茱萸，食蓬饵，饮菊华（花）酒，令人长寿。"茱萸在唐代诗词中经常被提及，如王维的《九月九日忆山东兄弟》："遥知兄弟登高处，遍插茱萸少一人。"王昌龄的《九日登高》："茱萸插鬓花宜寿，翡翠横钗舞作愁。"这些古代文献和优美的诗句，反映了中国古人对茱萸的喜爱。同时，古人也通过这种蕴含乡土气息的植物，寄托了对亲朋好友的思念。

　　云气纹又被称为如意云纹，象征着"如意"。"万世如意"铭文锦袍的云气纹呈曲卷状，与中原地区青铜器、漆器和建筑上装饰的云气纹相似。

　　象征"万世"的茱萸与象征"如意"的云气，与锦袍上的隶书铭文"万世如意"相得益彰，将古人对万世长久、事事如意的祈愿展现得淋漓尽致。

西域居民的腰间时尚——铜带钩

带钩，顾名思义就是钩挂腰带的钩子，自春秋战国就在中原男性贵族、文人与士兵中广泛使用，是他们的日常用品。《淮南子·说林训》中记载："满堂之坐，视钩各异，于环带一也。"反映了战国时期贵族男子们腰间所佩的带钩各具特色，流露出名士们独特的审美品位和浪漫情怀。汉代以来，随着中原与西域经济文化交流的日益密切，带钩这种能够彰显男士个性的腰带用具也输入西域各地。考古工作者在新疆的楼兰、吐鲁番、库车等地均发现了保存较好的带钩。

2016 年 10 月，新疆若羌县楼兰古城遗址出土了 10 余件铜带钩。这些铜带钩虽已锈迹斑斑，但整体保存尚好。其中一件长 3.2 厘米，基本呈"S"形，首端上部有一个柱状凸起，尾端向内侧弯曲。它小巧精致，没有什么纹饰，注重实用性，可能是魏晋时期楼兰地方官员的用具。除楼兰古城遗址发现的铜带钩外，2008 年在吐鲁番市台藏塔遗址古墓也发现了一件铜带钩。此件铜带钩长 11.5 厘米，钩头为兽首，圆柄，中部上端有一圆纽，为十六国时期高昌人的文化遗存。

公元元年前后，楼兰与汉朝关系密切。《汉书·西域传》记载："鄯善国，本名楼兰，王治扜泥城，去阳关千六百里，去长安六千一百里。户千五百七十，口万四千一百。"汉昭帝时，楼

若羌县楼兰古城遗址采集的铜带钩（魏晋）

兰改名为鄯善，并请求汉王朝驻军伊循。汉王朝遂在伊循城置都尉，行屯田。从此，楼兰成为中央政府控制西域的重要支点。

公元 123 年，班超的儿子班勇出任西域长史，率领兵士屯驻在柳中城（今吐鲁番境内）。次年，西域长史府迁至楼兰，楼兰遂成为西域政治、经济、文化中心。魏晋时期在西域地区仍设有西域长史，负责处理本地的行政、军事事务，而楼兰城依然是西域长史府所在地。

20 世纪初以来，考古工作者在楼兰古城遗址发现了大量的木器、石器、铜器、铁器、纺织品、文书等。其中，汉文木简、纸质文书、漆器、丝绸、弩机、五铢钱以及这些铜带钩，都是汉晋时期西域长史管理下屯田戍边官兵和当地居民使用的器物。这些具有中原特色的文物，反映了中原文化对西域文化的深刻影响。

带钩多用青铜铸造而成，也有用黄金、白银、铁、玉等材料的。它由钩头、钩身、钩纽三部分组成，用于连接腰带的两端，虽与现今人们普遍使用的腰带造型有异，但功能相仿。最初使用功能较突出，后逐渐成为一种装饰品。其在春秋时期的墓葬中屡有实物发现。史载，春秋时齐国管仲追杀公子小白，拔箭射去，正好射中他的带钩，让他逃过一劫，后公子小白成为齐国国君，称齐桓公。至战国以后，王公贵族都以带钩为装饰，并形成风气。带钩除装在革带顶端用以束腰外，还可以装在腰侧用以佩刀、佩剑、佩镜、佩印或佩其他装饰物品。王公贵族将带钩视为身份、地位的象征，所以战国至汉代的带钩尤其重视其装饰性，用料很讲究，有金带钩、金嵌玉带钩、铜错金银带钩、铜错金银嵌绿松石带钩、包金嵌玉带钩、铜鎏金带钩、镶宝带钩、玉带钩等，极富艺术价值。

到了汉代，佩戴玉带钩逐渐成为一种时尚，特别是西域和田玉制作的玉带钩琢磨细致、刀法简练、质量上乘，深受中原贵族的喜爱。如江苏狮子山楚王墓出土的一件用和田白玉雕琢而成的双联龙首带钩，玉质莹润、设计精巧、琢磨细腻，乃精品之作。汉晋时期，中原的铜带钩传入西域，和田玉则传入中原。这种双向的经济文化交流，进一步加强了两地之间的联系。铜带钩流行于战国、秦、汉，三国、两晋、南北朝时期仍然使用，而玉带钩一直流行到清代。

从汉代开始，与带钩具有相同作用的带扣逐渐成为中原王公贵族的新宠，尤其是用黄金打制而成的金带扣，具有很高的文化艺术价值。带扣是北方游牧民族使用的腰带，后传入中原地区。新疆焉耆回族自治县黑圪垯遗址出土的汉代八龙纹金带扣，以其中原风格的龙纹图案格外引人关注。带扣上装饰着8条气势非凡的龙，由汉朝中央政府赏赐给焉耆地方政权首领，是珍贵的礼仪用品，也是将雕塑、镶嵌等工艺巧妙地运用于黄金饰品中的杰作。

除佩戴带钩外，吐鲁番古代居民还喜欢玩藏钩游戏。藏钩是一项群体性的猜物游戏，参与者将钩藏于掌心并握拳，

让他人猜测所在之手。相传藏钩起源于汉代，在唐代盛极一
时。唐代诗人李白的《宫中行乐词·其六》中便有"更怜花
月夜，宫女笑藏钩"之句，生动描绘了宫女们玩藏钩游戏的
欢快场景。

　　1973 年，吐鲁番市阿斯塔那 193 号墓出土的《唐道僧俗
藏钩文书》中就有藏钩游戏的记录：

　　1.高五　翟都　高来　郭俨
　　2.道士张潼　僧思惠□□麴质
　　3.右件人今夜藏勾（钩）
　　4.作业。输者朋显出，
　　5.朋子并不知，壹取朋
　　6.显语。典郭俨。
　　7.尚尚尚尚尚南西师惠张
　　8.尚尚尚尚尚南东都翟

　　从文书信息来看，当时藏钩游戏是在夜里进行的，翟
都、郭俨、张潼、思惠、麴质等人参与了游戏，在西南角就
座的张潼一组赢得了最终的胜利。

"锦"绣丝路——"五星出东方利中国"锦护臂

2021年，新疆若羌小河墓地、民丰尼雅遗址、吐鲁番阿斯塔那古墓群3项考古发现入选"百年百大考古项目"。这些考古成果有力地证明了新疆自古以来便是中国领土不可分割的一部分，是多民族聚居、多文化交流、多宗教并存的地方，充分展现了多元一体的中华文化的绚丽多姿。在尼雅遗址中，那件被赞为20世纪中国考古学最伟大发现之一的国家一级文物——"五星出东方利中国"锦护臂，更是引人注目。

"五星出东方利中国"锦护臂发现于民丰县尼雅遗址8号墓的矩形箱式棺内。出土时，它和弓箭、箭箙、刀鞘等放在一起，昭示着墓葬主人的身份和地位。该墓为男女合葬墓。男子45岁左右，身高1.64米，深目高鼻，身着西域特色的锦缘毛布袍和白色毛布裤子，足穿皮鞋。"五星出东方利中国"锦护臂就绑于他的手臂上，护臂是古人射箭时用于保护手臂的用具。"锦"字，是"金"字和"帛"字的组合。汉书《释名·释采帛》中有"锦，金也，作之用功重，其价如金"的记载。这是说，锦是豪华贵重的丝帛，在古代只有达官贵人才能穿得起。

该锦护臂系用汉代最高规格和纺织工艺水平的华丽织锦为面料裁剪缝制而成，呈圆角长方形，长18.5厘米，宽12.5厘米。边缘缝缀白色

民丰县尼雅遗址墓葬出土的
"五星出东方利中国"锦护臂
（东汉）

绢缘，两边各缝缀有3条长系带（有残断）。它以宝蓝、草绿、绛红、明黄和白色5组色经根据纹样分别显花，织出星纹、云纹及凤凰、鸾鸟、麒麟、白虎等祥禽瑞兽，在上下两组循环花纹之间织有"五星出东方利中国"小篆文字。

"五星出东方利中国"出土后，引起学者的广泛关注。他们认为织锦形式和内容受到了阴阳五行学说的影响，反映出了特殊文化蕴含。在织锦纹样中，星（行星中的金星、火星）、云气、动物花纹有序织出，表达着阴阳五行说中五星为五行之佐的理念，以及动物纹四神（青龙、白虎、朱雀、玄武）与方位的概念内涵；而织锦色经以五色见出，则体现出其与金、木、水、火、土五行所对应的白、青、黑、赤、黄五色的密切关系。尤为能揭示这一点的，就是彩锦上的文字。

"五星出东方利中国"织锦，工艺技术上乘，构图精美有序，色泽华丽，不仅在纺织史研究中有重要价值，织锦文字也真实地反映了古代先民们追求吉祥昌盛的良好祈愿和朴素的感情。

目前所知"中国"一词最早见于公元前11世纪西周早期成王时代的青铜器何尊铭文，铭文记载了成王继承武王遗志并营建东都成周的史实，其涉及"中国"部分的铭文为："唯武王既克大邑商，则廷告于天，曰：余其宅兹中国，自兹乂民。"此铭文把"中国"指为以洛阳盆地为中心的中原地区。因华夏族多建都于黄河南北，因称其地为"中国"，与"中土""中原""中州""中华"含义相同。《诗经·小雅·六月序》中有云："《小雅》尽废，则四夷交侵，中国微矣。"《礼记·中庸》又云："是以声名洋溢乎中国，施及蛮貊。"

在汉朝，统治者将其统治的中原地区称为"中国"。《史记·孝武本纪》中就有"天下名山八，而三在蛮夷，五在中国"的记载。汉朝以来，"中国"一词逐渐演变为正统朝代的标志，例如在南北朝时期，南北政权对峙，双方都自称"中国"，而不承认对方是"中国"。但中国历史上的各个朝代并不把"中国"作为国名使用，而是使用自己独特的名称，如唐、宋、元、明、清等。直到1912年中华民国成立，"中国"才作为"中华民国"的简称被正式使用，首次成为具有近代国家概念的正式名称。中华人民共和国成立后，也简称"中国"。

"五星"二字现存最早的记载见于《史记·天官书》。书中言："五星分天之中，积于东方，中国利；积于西方，外国用兵者利。五星皆从辰星而聚于一舍，其所舍之国可以法致天下。"《汉书·天文志》《晋书·天文志》等正史中亦有相同表述。此为占卜之语。古代"五星"指辰星、太白、荧惑、岁星和镇星，对应现代天文学中的水星、金星、火星、木星和土星。古人察觉到它们在太阳系内的相对位置较为固定，并用它们时隐时现的变化来占验人间的吉凶祸福。

"五星出东方利中国"体现了汉晋时期的天象占星术和乞求强盛吉利的思想意识，此类祝福吉祥语词在当时颇为流行。在对墓室进行清理时，考古人员还发现了另一片织锦，其色彩、图案和织造结构与"五星出东方利中国"锦护臂相同，两者可以缀合为一。这片织锦上有"讨南羌"3字，将两片织锦缀合后，出现了"五星出东方利中国讨南羌"的文句。据考证，"五星出东方利中国讨南羌"吉祥语文字的创制，与《汉书·赵充国传》所记汉宣帝派兵讨南羌时"五星聚会"的史事关系密切。

羌是中国古老的民族之一，其在甲骨文中便有记载，原居于陕西羌水，后来一部分向东或向西迁徙。汉代西域诸城郭中，婼羌、西夜等就是羌人所建。汉武帝时，汉朝设置河西四郡（酒泉、张掖、武威、敦煌），加强了对西域的统治。《汉书·西域传》称设立河西四郡之目的正是"通西域，以断匈奴右臂，隔绝南羌"。所谓南羌，就是汉晋时活动于河西四郡、祁连山以南的各羌人部落。

汉晋时期，星占术在政治军事领域有着重要影响，"五星出东方，中国大利，蛮夷大败"的观念深入人心。当时，人们认为征讨南羌需在"五星出东方"之时方可取胜，于是就有了"五星出东方利中国讨南羌"之语。长沙马王堆 3 号墓中的帛书《五星占》，详细记述了五大行星的运行规律和相应的占验内容。此书记载重点在于对军事行动吉凶的占验，是春秋战国诸侯纷争的历史产物，并被当时的军事家应用于实战当中。在古人眼里，只有"五星"运行一致，精诚团结，才能使国家"五谷丰登，繁衍昌盛"。"五星出东方利中国讨南羌"织锦，体现了汉朝维护祖国统一、确保边境安定的功绩，是汉朝有效统治西域的历史见证。

民丰县尼雅遗址墓葬出土的"讨南羌"织锦（东汉）

唐朝是中国古代社会经济、文化发展的鼎盛时期，绘画、雕塑和歌舞艺术都取得很大的发展。当时统治阶级奢侈浮华的生活风尚和厚葬习俗盛行，俑成为唐代墓葬中的主要随葬品。其种类之多、质量之高，令人惊叹。1973 年，新疆吐鲁番市阿斯塔那 206 号墓出土了一尊彩绘舞蹈女俑。此俑无论是着装服饰，还是所展现的舞蹈艺术，都称得上是一件非常精美的唐代俑塑艺术作品。

绚丽多彩的服饰

彩绘舞蹈女俑身上的丝绸服饰，反映了唐朝年轻女子的流行时尚。只见她头梳高发髻，上身穿绿色窄袖短襦，紧身半臂衣穿于襦的外面，下身穿齐腰红黄间色曳地窄长裙，显示出唐初女子的穿衣风范。她身上的半臂面料是当时十分珍贵的联珠兽纹锦。联珠纹通常被认为是波斯萨珊王朝的一种纹饰。联珠兽纹锦在吐鲁番阿斯塔那古墓出土较多，其组织结构多样，既有经线显花的平纹经锦，又有纬线显花的斜纹纬锦，而且纹饰丰富，有联珠对鸭纹锦、对鸡纹锦、对狮纹锦、对鹿纹锦、对孔雀纹锦等。女俑所穿的联珠纹瑞兽半臂衣，两个联珠环分布在前胸两侧，突出了纹饰的美观和装饰的主题，同时也流露出东西方文化相互交流的迹象。

女俑高 29.8 厘米，所穿的襦是中国古代常见的一种上衣。《礼记·内则》记载："（童子）十年，出就外傅，居宿于外，学书计。衣不帛襦袴。"许慎在《说文解字·衣部》中称："襦，短衣也。"襦一般男女均可穿着，东汉以后逐渐成为女子的一种服饰。襦有不同的长度，长襦能垂及膝盖以下，短襦则可与腰平齐。汉代女子穿的襦一般较长，而且两袖肥大，正如辛延年《羽林郎》诗中所云："长裾连理带，广袖合欢襦。"到了南北朝及唐代，受北方游牧民族文化的影响，窄袖短襦在中原地区十分流行。这种窄袖紧身的短襦不仅有利于做事，还能表现女子的身形，因此受到年轻女子的喜爱。这件女俑，身着的短襦采用对襟，穿时衣襟敞开，不用纽带，下摆部分则束于腰内。

唐代年轻女子喜欢穿红裙，特别是在歌舞伎中，红裙更是流行。武则天的"不信比来长下泪，开箱验取石榴裙"（《如意娘》）；白居易的"钿头云篦击节碎，血色罗裙翻酒污"（《琵琶行》）；万楚的"眉黛夺将萱草色，红裙妒杀石榴花"（《五日观妓》），都是描写歌舞女子身着红裙的佳句。当时染红裙的颜料，主要从石榴花中提取，因此红裙也被称作"石榴裙"。不仅中原女子喜爱红裙，西域女子对其也是情有独钟。如阿斯塔那 230 号墓出土的屏风画《舞伎图》中，女子发髻高耸，上身穿无领的袒胸襦和花色半臂，下身穿的就是色彩浓艳的红色曳地长裙。西域女子还喜欢穿黄、绿、蓝、白、青、绛、粉、棕等颜色的裙子，以及两种以上间色面料搭配的长裙。如阿斯塔那 206 号墓出土的这尊女俑，下身着红黄间色面料缝制的长裙，腰束宽 1 厘米、长 10 厘米的缂丝带，显得格外楚楚动人。

裙子的款式主要有齐胸和齐腰两种形制，当时西域流行的是贴身适体的窄长裙，同时，筒裙也受西域女子的青睐。推陈出新是唐代西域女装的主要特征之一，阿斯塔那唐墓出土的一件百褶裙便是例证。这件裙装用 22 条上宽 3 厘米、下宽 11 厘米纵长的绛色绢片连接而成，褶纹清晰。从考古发现来看，西域女子的裙装质地多样，有绢、绫、缦、纱、罗、绮等。阿斯塔那唐墓出土的女俑所穿的绿地印花绢裙和绛地印花绢裙，不仅色彩绚丽、质地柔软精良，而且印有精美的花鸟纹样，充满浓郁的生活情趣。

灵动飘逸的舞蹈

新疆素有"歌舞之乡"的美誉，这里的人民共同创造了缤纷多彩的音乐舞蹈艺术。古代文献的记载和考古发掘资料表明，唐朝是西域舞蹈艺术最为繁盛的时期之一，当时的胡旋舞、胡腾舞、柘枝舞、狮子舞、马舞、乞寒舞等纷纷传入中原，深受中原人民的喜爱，并对当地的舞蹈艺术产生了很大的影响。古代文献中对西域舞蹈艺术记载较多，但实物形象资料多见于石窟壁画和墓葬出土的俑类。这件彩绘舞蹈女俑，就反映了唐代吐鲁番女子舞蹈的情景。

唐代的歌舞一般分健舞和软舞两大类。健舞一般动作幅度较大，音乐激扬欢快。胡旋舞、胡腾舞都是健舞。其中，胡旋舞跳起来左旋右转，急速如风。正如边塞诗人岑参在《田使君美人舞如莲花北鋋歌》中所描述："回裾转袖若飞雪，左鋋右鋋生旋风。"《通典》卷 146 亦云："舞急转如风，俗谓之胡旋。"白居易撰写的长诗《胡旋女》更是将胡旋舞描绘得惟妙惟肖："胡

吐鲁番市阿斯塔那 206 号墓出土的彩绘舞蹈女俑（唐代）

旋女，胡旋女，心应弦，手应鼓。弦鼓一声双袖举，回雪飘飘转蓬舞。左旋右转不知疲，千匝万周无已时。人间物类无可比，奔车轮缓旋风迟。曲终再拜谢天子，天子为之微启齿。胡旋女，出康居，徒劳东来万里余。"从诗中可以看出，胡旋舞的舞者多为女子，不过，后来男子也喜欢上了这种舞蹈。史书记载，安禄山腹垂过膝，重330斤，但"作胡旋舞，疾如风焉"。而从这件女俑双臂的动作来看，显得较为轻缓，舞蹈更具有内敛含蓄的特点，想必其音调也较为淡雅。

中原舞蹈一般为软舞。《春莺啭》为唐代著名软舞，作曲者是西域龟兹音乐家白明达，他是应唐高宗李治之命而创作。《春莺啭》的舞姿优美、音调抒情，伴奏乐器以丝竹、钟磬为主。在唐代，中原与西域的文化艺术交流十分频繁，中原的音乐、歌舞艺术传入了包括吐鲁番在内的西域地区，受到当地民众的喜爱，特别是在西域汉族中有一定的影响力。阿斯塔那206号墓出土的这尊彩绘舞蹈女俑，表现了吐鲁番古代舞女轻歌曼舞的情景，成为这一时期文化艺术交流的有力例证。

唐代西域的『混搭』风尚——彩绘泥塑胡人俑

新疆维吾尔自治区博物馆收藏有一尊身材高大的泥塑人物雕像。此雕像于 1972 年在吐鲁番市阿斯塔那 216 号墓出土，生动展现了千年前唐代吐鲁番地区少数民族男子的风貌。他高鼻阔口，长着络腮胡须，头戴幞头，身穿翻领对襟窄袖棕色长袍，脚蹬皮靴。其左手置于腰间，右手弯曲置于胸口，面带微笑，似乎在迎接远道而来的客人。有趣的是，他所穿的翻领袍和皮靴是唐代西域居民的典型装束，而头戴的幞头则来自中原地区。

吐鲁番在唐朝时被称为西州，自古就是多民族聚居之地。从阿斯塔那古墓出土的俑塑来看，当时西州男子服装虽不及女子那般绚丽多姿，但受中原文化的影响，亦显得温文尔雅，且呈现出一种"混搭"风格。

幞头是具有浓郁中原特色的一种头饰，创始于北周武帝时期，由汉代巾帻演变而来。到了唐代，幞头多用黑色纱罗制成，有圆顶和方顶之分，且存在软裹和硬裹的差异。起初，软裹巾为平民百姓所戴，后亦为贵族、官吏、文人雅士所喜爱。唐代幞头里面加的衬物叫巾子，制作巾子的材料很多，有的用桐木削制，有的用竹子编织。在阿斯塔那古墓中发现了不少巾子，如 1972 年阿斯塔那 176 号墓出土的一件黑棕色唐代巾子，高 11 厘米，宽 16 厘米。此巾子可能是用丝葛、皮革等制成，也可能是用胶质物模压而成，再经过特殊的涂漆处理，使得其表面光滑，格眼方正。人们可利用簪子通过巾子两侧特制的孔眼，将其固定在发髻上。巾子的形状决定幞头的造型。唐代巾子经历 4 次较为显著的变化。唐初高祖、太宗、高宗时流行的"平头小样"呈扁平状，没有明显的分瓣。随后，武则天时创制了赏赐给诸王近臣的"武家诸王样"，经过改制后的幞头、巾子高度显著提高，中间部分出现了明显的凹势。再后是"英王踣样"，出现在唐中宗景龙四年（710 年），它比"武家诸王样"更高，左右分成两半，并明显地朝前倾倒。最后是流行于唐玄宗时期供奉官的"官样巾子"，其形制与"英王踣样"巾子基本相同，纠正了"前倾"式，且顶部无明显的分瓣，呈尖顶之状，故幞头显得比较高耸，沿用时间较长。

戴幞头的现象在阿斯塔那古墓中十分多见。该古墓出土的男立俑、宦官俑、文吏俑、打马球俑以及《伏羲女娲图》绢画中的伏羲等都戴着幞头。从出土情况看，"平头小样"和"英王踣样"两种幞头在唐代西州流行过，如《侍马图》绢画中的侍马者所戴的幞头与"平头小样"的形制比较相同；又如一尊仅存头部的唐代泥俑，其所戴的幞头上部左右分瓣，形成两个球状，应该是"英王踣样"的形制。这些考古资料表明，幞头这种头饰在西域居民中普遍使用，体现了中原服饰文化对西域居民的影响，是中国各民族密切往来的历史见证。

袍服在西域有 3000 多年的历史。先秦时期的西域袍服以毛布缝制的为主。到了汉晋时期，袍服的质地趋于多样，不仅有毛布袍，还有丝绸和棉布缝制的袍服。从吐鲁

吐鲁番市阿斯塔那墓出土的彩绘泥塑胡人俑（唐代）

番考古出土的俑和绢画资料来看，唐代西州居民穿袍服的现象亦十分普遍，其款式主要分为翻领和圆领两类，汉族穿圆领袍服，当地少数民族多穿翻领袍服。

翻领袍是古代西域居民的传统服饰样式，在隋朝以前就已传入中原。到了唐代，翻领袍盛行起来，深受中原人民的喜爱。1957 年，西安唐代鲜于庭诲墓出土了一尊三彩牵马俑，其塑造的就是一个穿着翻领袍的汉族形象。当时西州居民的袍服也有自己的特点，根据领子的变化可分为"双翻"和"单翻"两种形制。阿斯塔那 216 号墓出土的这尊彩绘胡人泥俑穿的正是"双翻"领袍服。而所谓的"单翻"，是指长袍左边为大翻领，右边是斜领，这种具有不对称领子的服饰，在龟兹壁画中可以见到。

新疆维吾尔自治区博物馆还收藏着一尊唐代彩绘泥俑，只是该俑所穿的是中原流行的圆领长袍。圆领袍是唐朝男装中最为流行的服饰，它和幞头、靴子一起成为当时男子的套装样式。圆领袍在当时非常普及，上自帝王大臣，下至平民百姓均可穿着。这尊彩绘泥俑头戴幞头，身穿圆领袍服，表明西域居民也非常喜欢这种具有中原特色的服装款式。

筷子是中国的国粹，它既轻巧又灵活，在世界各国的餐具中独树一帜，被西方人誉为"东方的文明"。

筷子古称"梜""箸""筯"等。"筷子"这个称呼是在明朝才出现的，当时南方民间称之为"快儿"，有"快生贵子"之意。明代陆容在《菽园杂记》中记载："民间俗讳，各处有之，而吴中为甚。如舟行讳'住'、讳'翻'，以'箸'为'快儿'，'幡布'为'抹布'……"意思是，民间忌讳的习俗各地都有，其中以吴中这个地区最为突出。如行船忌讳说"住"和"翻"，所以人们将"箸"改称为"快儿"，"幡布"改为"抹布"。

到了清代，"筷子"一词逐渐普及。在《红楼梦》（商务印书馆，2024）第四十回，贾母宴请刘姥姥的情节中，就同时出现了"箸"和"筷子"两种称呼。

关于筷子的起源有诸多传说。其中一个传说与大禹有关。相传大禹在治理水患时三过家门而不入，都在野外进餐，有时时间紧迫，兽肉刚烧开锅就急着进食，以便早些赶路。但汤水沸滚无法下手，他就折树枝夹肉食之，这便成为筷子的雏形。

另一个流传较广的传说与妲己有关。纣王是

商代喜怒无常的暴君，就连吃饭都很挑剔，如果饭菜不合他的口味，相关之人可能会因此丧命。妲己虽然是纣王的宠妃，但她也不敢怠慢。每次宴席，她都要事先尝一尝，以保证饭菜符合纣王的口味。有一次，妲己发现菜肴太烫，可已来不及调换，她急中生智，忙取下头上的长玉簪将菜夹起来，吹凉后再送入纣王口中。纣王对这种方式很是喜欢，妲己便让工匠为她特制了两根长玉簪专门用于夹菜，这就是玉筷的雏形。此后，这种夹菜的方式传入民间，逐渐演变成了人们现在所使用的筷子。

将筷子的发明附会于各种传说，其真实性存疑。据文献记载，筷子早在商代便已出现。如《韩非子·喻老》记载："昔者纣为象箸而箕子怖。以为象箸必不加于土铏，必将犀玉之杯；象箸玉杯必不羹菽藿，则必旄象豹胎……"由此可见，商纣王的生活十分奢华，他使用象牙制作的筷子，犀和玉等材料制成的杯子。这也表明早在3000多年前，中国人就已经开始使用象牙筷子了。

因先秦时期的筷子以竹木为主，筷子身形细小，不易保存。但中国多年来的田野考古发现，填补了这一时期筷子文献记载的不足，为中国饮食文化的研究提供了珍贵的实物资料。据《文物》1980年第8期记载：安徽贵池里山徽家冲窖藏出土青铜箸一双。历经岁月侵蚀，两支铜箸长短不齐，但相差无几，平均长约20厘米，经考证为春秋晚期之物。

1973年，湖南长沙马王堆1号墓出土了西汉竹箸一双，长17厘米，直径0.3厘米。湖北云梦大坟头出土了西汉竹箸16支。甘肃酒泉夏河青出土了东汉铜箸一双。湖南长沙仰天湖、湖北江陵凤凰山等地也有铜箸、竹箸出土。不仅如此，四川出土的东汉画像砖《宴饮图》中也出现了箸，图中3位席地而坐的人中，左边一位手中托碗，碗中插有箸，另两位面前的低案上也放有箸两双。由此可知，汉代使用箸已较为普通。汉代箸的形状大多为首粗下足略细的圆形。而春秋时代的箸多为上下一般粗细的圆柱体。

从汉代起，正式宴席餐勺与箸同时使用。20世纪80年代，在内蒙古包头古墓里发现了一双鎏金银箸和长柄银勺。银箸长28厘米，首方足圆，从箸顶向下 7 厘米处，有 3 厘米鎏金螺纹环饰。银箸虽埋藏地下千余年，但其螺纹环饰的色泽依然金灿灿的。

中国各地墓葬中出土的不同时期的筷子，以银质和铜质最为多见，此外还有木、竹、象牙、骨等质地的筷子。部分地区还有绿松石、镶银珊瑚、虬角等质地的筷子，有的筷子上雕刻或绘有精美图案，是十分珍贵的工艺美术品。

筷子至少在汉晋时期就已传入西域。1959 年，新疆考古工作者在民丰县尼雅遗址发现了汉晋时期的 7 支筷子，它们粗细均匀，表面光滑，直径 0.3～0.5 厘米，长 19.6～23.7 厘米。经历岁月的洗礼，这些筷子的侧面或多或少地出现了裂纹，但保存基本完好。其中一双筷子长度相同，顶端附近刻有一圈弦纹，装饰效果十分明显。

民丰县尼雅遗址出土的木筷子（汉晋）

张骞出使西域之后，随着丝绸之路的畅通，中原的纸张、丝绸、漆器等传入西域。其中，筷子在新疆汉晋时期遗址中的出现，更是当时中原饮食文化对西域产生影响的有力证明。而且，考古工作者在新疆的清代墓葬中，发现了一双与现今使用的筷子没有什么区别的黑色筷子。这足以表明，从汉晋时期至清代，新疆人民一直在使用这种带有中原饮食文化特色的餐具。

唐代西域美食——饺子与馄饨

饺子与馄饨是人们常见的食物，深受中国各族人民的喜爱。在新疆维吾尔族群众中，饺子与馄饨也颇受欢迎。每到周末，时常能看到维吾尔族家庭欢聚一堂包饺子的情景。当热气腾腾的饺子端上桌，一家人相互礼让地吃起来，充满了温馨的家庭氛围。

饺子原本是汉族的传统美食，之所以为各族人民所喜爱和接受，是因为其制作比较简单，吃起来也十分可口。北方人有这样一句俗语："好吃不过饺子。"

饺子历史悠久，传说众多。有说东汉时期，医学家张仲景从长沙告老还乡。当时正值寒冬，他看到许多百姓穷困潦倒、饥寒交迫，不少人的耳朵都被冻烂了。他目睹此景，非常难过，于是研制出了"祛寒娇耳汤"，就是将羊肉、辣椒和一些祛寒药材包在面皮里，捏成人的耳朵状，放进锅里煮熟后，分发给穷困的病人吃。病人食用后，烂耳朵竟逐渐痊愈。后人为纪念心怀仁爱的张仲景，每逢除夕夜，便会按照"娇耳"的样子制作面食煮熟食用，人们称这种食物为"饺耳""饺子"，也由此形成了除夕晚上吃饺子的习俗。远方的人们为了在除夕晚上吃上老家的饺子，会不远千里，回到家乡和亲人团聚。全家老小围着饭桌，吃着热气腾腾的饺子，过一个热热闹闹的新年。

学者们认为，"饺子"这个词有新旧交替之意。除夕这个时间，正是过去的一年即将结束，而新的一年即将开始的时刻，即所谓的"辞旧迎新"之时。吃饺子取"更岁交子"之意，"子"为"子时"，交与"饺"谐音。饺子承载着人们对新年的美好期望与祝福，寓意着"喜庆团圆""吉祥如意"。

饺子还有一个称呼为"扁食"。据说这个词在宋代就已出现，是饺子传到北方草原后，蒙古族对它的称谓。因蒙古族性情豪放，饺子也被包得馅多皮厚。后来，蒙古族把饺子带到了世界许多地方，当时的俄罗斯人、哈萨克人、朝鲜人都会包饺子。

明代时，人们依然称饺子为"扁食"。万历年间有个叫刘若愚的太监撰写了《酌中志》一书，书中介绍了很多宫廷饮食习俗："初一日正旦日，五更即起，焚香发炮。饮食椒柏酒，吃水点心。或暗包银钱一二于内，得之者以卜一岁之吉，是日亦互相拜祝，名曰贺新年也。"这里的"水点心"就是扁食，说明在明代有正月初一吃饺子，以及在饺子里放钱币以图吉利的习俗。

饺子在新疆的流传历史也十分悠久。1959年，新疆考古工作者在吐鲁番阿斯塔那唐墓里发掘出土了饺子。饺子长约5厘米，宽1.5厘米，保存比较完好。这些饺子的形状与现在的饺子相同，只是小了一些。

吐鲁番阿斯塔那墓出土的饺子（唐代）

　　至今，新疆吐鲁番、哈密地区的维吾尔族依然称饺子为"扁食"，而生活在新疆喀什、和田等地的维吾尔族称饺子为"居娃娃"。

　　馄饨是中国古老的传统风味小吃，新疆维吾尔族称馄饨为"曲曲儿"，里面的馅以羊肉和洋葱为主，此外还有苜蓿馅和红苋菜馅等，都非常好吃。

　　从古文献记载来看，馄饨与饺子相比历史更为悠久。《庄子》里有一则寓言故事：天地初开之前，有一个叫混沌的大神，他的相貌和常人不一样，没有眼、耳、口、鼻七窍，仿若一团大肉球。后来，两位代表时间和空间的神为混沌凿开七窍，世界万物从此诞生，并且变得丰富多彩。学者叶舒宪认为，吃馄饨的礼俗与道家的创世神话密切相关。依据造字的规则，"混沌"属食物类，后来改换了偏旁就成了"馄饨"。此外，《食物志》记载："馄饨，或作浑沌。"南北朝时期贾思勰的《齐民要术》将其称作"浑屯"。

　　早在唐朝时期，新疆吐鲁番人就已经吃上香喷喷的馄饨了。1959年，吐鲁番阿斯塔那唐墓就出土了几个馄饨。这些馄饨由小麦面制成，长约3厘米，宽1.9厘米，是中国乃至世界迄今为止发现的最古老的馄饨实物。

　　饺子、馄饨等具有浓郁中原汉文化特色的食品出现在新疆古墓中，充分体现了古代中原饮食文化对西域的影响。

吐鲁番市阿斯塔那墓出土的馄饨（唐代）

唐代建筑艺术的真实再现——木亭模型

唐朝时期，西域与中原的政治、经济、文化交流更加频繁。在此期间，中原的传统建筑艺术传入包括吐鲁番在内的西域地区，对当地的建筑艺术产生了一定的影响。新疆吐鲁番市阿斯塔那墓出土的一件木亭模型就是一个重要例证。

木亭模型高 27 厘米，长 24.5 厘米，宽 18 厘米，由基座、木柱、梁、斗拱、护栏等构件拼接组合而成。木亭四面均有栏杆，三面开门，便于进出，体现了制作者人性化的设计理念。木亭的表面涂刷成红色，栏杆与底座间的挡板为白色，上面用蓝、绿、红等色彩绘制出精美的云朵纹，色彩配制和谐。木柱、梁、斗拱、护栏等雕琢细致精巧，红色表面尽显庄严大气。整座木亭构造简洁大方，充满盛唐气韵，外形酷似上海世博会中国国家馆。

木亭模型虽器形较小，结构看似简单，却隐含着中国古代建筑的精髓——斗拱。木亭上方翘拢起的 8 个斗拱采用双层斗拱叠加装配的方法，镶于柱与梁之间，起到承上启下、传递荷载的作用。由于封建社会等级制度森严，只有宫殿、皇家园林、庙宇和地位显赫家族才允许在建筑柱上和内外檐的枋上安装斗拱。因此，斗拱层次的多少也可以反映出建筑物的重要性和拥有者的等级差别。

吐鲁番市阿斯塔那墓出土的木亭模型（唐代）

木亭模型于 1972 年在吐鲁番市阿斯塔那 501 号墓出土，墓主人是张怀寂。他是高昌时期左卫大将军张雄的儿子，于公元 692 年参与过唐朝收复安西四镇的军事行动，为维护国家的统一立下了功勋。或许是为延续生前荣耀，又或许是为怀念中原故里，他的墓葬中出现了许多具有中原特色的建筑模型。

其实，亭早在 3000 多年前的商周时期就已经出现。不过，它最初的用途并不是游人观赏休憩之地，而是重要的军事设施，起到戍边的作用。一座亭子就是一座堡垒，朝廷在此设有亭吏，负责边防事务。到了秦、汉时期，随着中央集权的建立和完善，亭开始由戍边区域扩大到全国各地，其功能也进一步拓展，成为地方维护治安和供旅途驻足、传递邮件休憩之处。传递邮件的亭子叫驿亭。秦统一中国后，构建了第一个覆盖全国的邮驿通信网。据《通典》记载，秦在每一乡里设十处驿亭，每驿亭的亭长管理方圆十里的邮驿事务。汉朝开国皇帝刘邦就曾当过江苏沛县的地方亭长。

考古发现，亭在东汉时期就已经出现在西域地区。1879 年，施补华随清军西征阿古柏侵略军，路过拜城县黑英山的一个山口，发现了《汉龟兹左将军刘平国作亭诵》碑刻。由于时间较久，历经风雨剥蚀，碑上的文字已相当漫漶，可以看清的约有百字。该碑正面文字字体基本为隶书，记述了龟兹左将军刘平国率孟伯山等 6 人凿岩筑亭的事。

南北朝之后，中国出现了专供游人休憩和点缀山水风景的亭子。唐代亭的作用主要是供游人休憩，观赏风景名胜。亭是中国古代建筑的重要组成部分，有着非常悠久的历史，有别于西方或其他地区建筑，具有鲜明的民族风格。至今，在各地名胜古迹中，仍然可以看到亭的倩影，如安徽滁州的醉翁亭、北京的陶然亭、湖南长沙的爱晚亭、浙江杭州的湖心亭等。

这件吐鲁番出土的木亭模型，虽然形制较小，但反映了唐代中原传统建筑对西域地区的影响，是研究中国古代建筑不可多得的实物资料。

陕西大寺的传统建筑构件——『门当户对』

在新疆的清代建筑遗址中，最有名的莫过于霍城县的伊犁将军府。该遗址内展示的大量文物展品资料，见证了清朝政府平定准噶尔、设立伊犁将军、维护国家统一的历史进程。而霍城县的陕西大寺虽名气不及伊犁将军府，但也历史悠久、保存较好，体现了中国传统建筑的艺术特色。

陕西大寺位于伊犁哈萨克自治州霍城县水定镇柳树巷子村，始建于清朝乾隆二十七年（1762年），占地面积4548.2平方米，大殿面积344.6平方米。大殿系中原传统砖木结构、瓦顶的建筑风格，坐西向东，高十余米，气势宏伟，庄严肃穆。陕西大寺大门左右两侧放置着两个圆形的石墩，称作"门当"。而书有"陕西大寺"牌匾的下方门楣上凸起着几根圆形木柱，称作"户对"。用圆形石墩与木柱装饰大门，有其深厚的历史文化内涵，这种装饰在新疆古代建筑中十分少见，其用途引发诸多猜测。

门当又称门座，是中国传统建筑中置于大门两侧的一对石礅或石鼓，起到支撑和装饰大门的作用。相传古代将军荣归，常将战鼓置于门前炫耀战功，后来就演变成抱鼓石。因为鼓声宏阔威严，民众认为其能辟邪，故民间常用石鼓作为门当来镇宅辟邪。门当以石制的圆形和方形最为常见，一般文官使用方形，武官使用圆形。方形门当像是印章，也像是秀才们赶考时身上背的书箱，尽显方正之态；圆形门当既象征着战鼓与军威，也暗含着"战车之轮"的军事意象，寓意滚滚向前，势不可当。

户对又称门簪，是置于门楣上或门楣两侧的砖雕或木雕构件，一般为短圆柱形，主要根据门框的宽度和房主的个人喜好置入不同数量的短柱，常见的有2、4、6、8个。户对上多刻有以瑞兽珍禽为主题的图案，因总是成双数出现，故名户对。又因其伸出的形状与女性的发髻相似，所以又有"门簪"的别名。此外，户对的短圆柱状造型也有着特殊的寓意，表达了古人的生殖崇拜以及对家族人丁兴旺的期盼。

中国传统建筑讲究和谐美，大门前有门当的宅院必有户对，所以，"门当"与"户对"常常被同呼并称。它们除

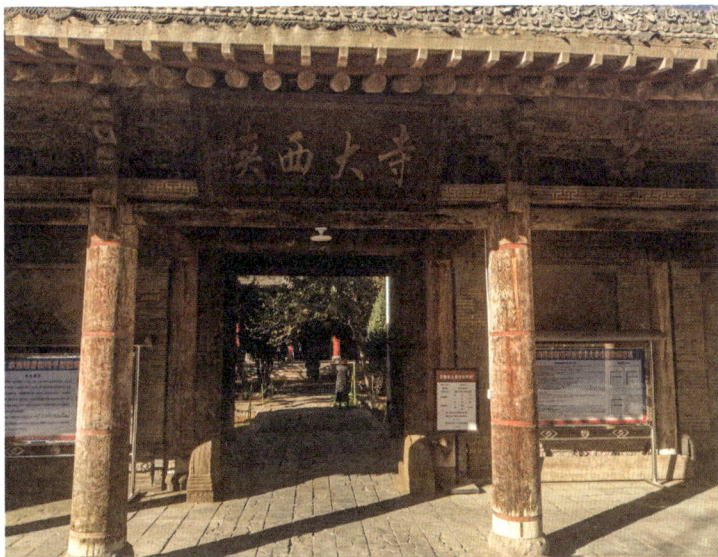

霍城县陕西大寺（清代）

有镇宅装饰的作用外，还是宅第主人身份、地位、家境的重要标志。正因如此，"门当户对"也就逐渐演变成社会中衡量男婚女嫁条件的一个标准。元代王实甫的《西厢记》云："（夫人云）此计较可，虽然不是门当户对，也强如陷于贼中。"明代汤显祖的《牡丹亭·圆驾》云："你女儿睡梦里、鬼窟里选着个状元郎，还说门当户对！"这些都体现了"门当户对"这一观念在当时社会中的影响。在传统文化中，"门当户对"的观念虽有一定的局限性，但也反映了人们对婚姻的某种期望和考量，即认为家境相当的子女结合，更有利于今后生活的和谐。

陕西大寺的门当与户对，不仅是建筑装饰，更展示了古代建筑的礼制规范，承载了人们对美好生活的向往和祝福，是中国传统文化的重要体现。

瓦当俗称瓦头，是屋檐最前端的一片瓦（也叫滴水檐），起着保护木制飞檐和美化屋面轮廓的作用。瓦当集绘画、工艺和雕刻等艺术于一身，是实用性与美学相结合的产物，在古建筑上起着锦上添花的作用。

新疆目前发现的最早的瓦当，出土于昌吉回族自治州奇台县。20世纪70年代，新疆考古工作者在奇台县石城子古城遗址发掘出土了云纹瓦当、灰陶大板瓦、筒瓦、实心砖、黑灰陶钵、陶瓮、陶盆、屋形图案青灰陶等数十件文物。这些文物的器形、色别、花纹、质量、选料等均具汉代风格。

瓦当作为一种独特的建筑构件，其制作颇为讲究。它以泥土制坯，经高温烧制，成品致密坚硬，且重量较大。瓦当起源于中原地区，随后逐渐向各地传播开来。早在周代，瓦当便已出现。西周中晚期周原（今陕西扶风）上的建筑已开始使用瓦当。战国时期，城市建筑业的日益发达，推动了砖瓦制造技艺的发展。最初的瓦当为半圆形，称半规瓦。秦朝统一六国后，统治者大兴土木，兴建阿房宫等大型建筑，瓦当的使用十分普遍。秦代的瓦当由半圆形演变为全圆形，面径较小，边轮不太规则，背面也不够平整，颜色以青灰色为主。当时瓦当的纹饰图案中，大量采用动物纹、植物纹和云纹等。

汉朝初期，国家实行休养生息政策，国力日渐强盛，且与周边地区的经济文化交流日益频繁。在此背景下，瓦当纹饰愈发丰富多样。从题材来看，主要分为画像图案、装饰图案及文字图案三类。汉代提倡黄老思想，游仙思想也非常盛行，画像图案瓦当多取材于象征四方、天地、神灵的青龙、白虎、朱雀、玄武等。而装饰图案瓦当则以卷云纹和几何变形纹为主。文字图案的字数量不一，从1字到12字都有，内容有吉祥语，如"长乐未央""与天无极"等，也有标明建筑物名称与用途的。

奇台县石城子遗址发现的瓦当与中原各地的瓦当在风格、图案上都十分相似，中原的建筑艺术对西域的影响可见一斑。经过考古文物专家的研究鉴定，奇台县石城子遗址属汉代疏勒城，历经魏、晋、隋、唐诸朝代，是新疆迄今发现的唯一的汉代风格建筑遗址，历史上的疏勒城保卫战就发生在这里。

然而，新疆地区气候干燥少雨，当地房屋大多为土制，屋顶无须覆瓦，因此瓦当并非古代新疆传统的建筑材料。不过，在吐鲁番交河故城内一座高规格的寺院中曾出土过瓦当。唐代佛教兴盛，交河故城内寺院众多。在这个寺院发现瓦当，说明瓦当在当地的使用并不普遍。

唐代时还发现了风格独特的羽人瓦当。2014年，新疆维吾尔自治区博物馆举办的《丝路遗珍汇天山——西北五省文物精品展》中，展出了一件出自青海省民和回族土族自治县川口水泥厂的瓦当。此瓦当直径13厘米，上面绘有一羽人，其面部特征为圆脸、大鼻子、大眼睛，上身赤裸，梳圆形发髻。羽人双手合十于胸前，背上有双翼，周围以联珠纹作环状围

羽人瓦当

奇台县石城子古城遗址出土的布纹瓦当（汉代）

奇台县石城子古城遗址出土的
云纹瓦当（汉代）

绕。在丝路沿线遗址中，带翼的人物形象时有发现。例如，1989年，新疆文物考古研究所王炳华等人组成的塔克拉玛干沙漠综合考察队，在米兰佛寺中发现了两幅"有翼飞天像"壁画。

新疆发现的瓦当有筒瓦、板瓦，涉及汉、唐、明、清等时期。这些瓦当具有当时中原瓦当相似的特点。汉代瓦当以云纹为主要图案，唐代瓦当以莲花纹为主，明代瓦当则以兽面纹最具代表性，而这些纹饰的瓦当在新疆均有发现。这些瓦当是在当地烧造的，还是从中原输入的，文献上没有记载。由于当地至今未发现烧造瓦当的陶窑，专家推测，它们有可能是从中原地区长途运输而来的。新疆出土的瓦当，在一定程度上反映了各个时期西域地区的建筑历史，为研究西域古代建筑提供了重要的资料。

瓦当在周边国家和地区也有发现。1940年夏，在俄罗斯哈卡斯共和国首府阿巴坎市以南8千米处，发掘出带有"天子千秋万岁常乐未央"铭文的筒瓦。此外，该地还出土了具有汉文化特色的铜镜以及铺首等文物。学者们研究认为，该地是汉式宫殿遗址，其年代约在公元元年前后。这座"最北方"汉式宫殿遗址的发掘，为研究特定时期的汉匈关系提供了非常珍贵的实物资料。

对于古今文人学者而言，文房四宝向来是不可或缺的存在，它们是中华传统文化中极具代表性的文房用具。笔，作为文房四宝之一，更是有着独特的地位。它是文人墨客表达思想、抒发情感的重要工具，承载着丰富的文化内涵。

毛笔

毛笔始于中国，是古代华夏大地普遍使用的书写工具。相传，秦将蒙恬在浙江湖州的善琏村取羊毫制笔，因而在当地被尊为笔祖。又有说，蒙恬的夫人卜香莲也精通制笔技艺，被奉为笔娘娘。在考古发现中，1954 年湖南省长沙市左家公山楚墓出土的战国笔，是目前发现最早的毛笔实物。此外，湖北省云梦县睡虎地、甘肃省天水市放马滩出土的秦笔，湖南省长沙市马王堆、湖北省江陵县凤凰山、甘肃省敦煌市悬泉置和马圈湾、内蒙古自治区古居延地区的汉笔，甘肃省武威市的西晋笔等都是珍贵的文化遗存。

春秋、战国时对笔的叫法各地不一，有"笔""聿""拂"等多种名称。直到秦实行"书同文、车同轨"后，笔的名称才统一为"笔"。到了汉代，笔的制作已比较考究，路扈是当时的制笔高手。汉代制笔头的原料除兔毛外，还有羊

吐鲁番市阿斯塔那墓出土的木杆画笔（东晋）

毛、鹿毛、狸毛、狼毛等，硬毫与软毫并用。同时，笔管的质地和装饰也愈发丰富多样。

20世纪70年代，考古工作者在新疆吐鲁番市阿斯塔那东晋时期墓葬里发现了一只保存较好的毛笔。此笔长28厘米，毛长3厘米。笔杆为木质，笔头较粗，从笔头到笔尾逐渐变细。笔头上的毛为浅黑色，似羊毛以外的鬃毛，毛质粗糙，有多次使用过的痕迹。专家们从粗壮的笔杆和齐刷肥胖的笔毛推测，它应该是一支蘸色描绘的画笔。

阿斯塔那古墓还发现了一支唐代的毛笔。此笔通常16.2厘米，杆长14厘米，毛长2.2厘米。笔杆用芦秆制成，笔毛纤细柔软，笔头尖细，与现今使用的毛笔十分相似，应该是用来书写汉字的。此外，在阿斯塔那唐墓里还发现了"松心真"墨锭，在吉木萨尔县北庭故城遗址发现了八字腿陶砚台，这些都是研究西域古代书法艺术的珍贵资料。

1928年，考古学家黄文弼在楼兰土垠遗址中发现了一批简牍，其中多为汉文简牍，简牍上所写的时间为公元前49年至公元前8年，简牍上面的文字应是用毛笔书写的。由此可以推断，早在西汉时期，西域居民就已使用毛笔书写汉字。

苇笔和木笔

除毛笔外，苇笔、木笔也是古代西域居民常用的书写工具。20 世纪 50～70 年代，考古工作者在新疆若羌县米兰遗址、巴楚县托库孜萨来遗址发现了几支苇笔和木笔。其中米兰遗址出土的一支苇笔，长 12 厘米。此笔以苇管制成，笔尖用刀削成，笔尖端和笔管保存较好。笔管上部用麻绳裹扎，为握笔处。笔舌正中有一条缝隙，用于蘸取墨水进行书写。这支笔是中国较早的"硬笔"之一。

此外，考古工作者还在米兰遗址发现了一支木笔。它长 14.9 厘米，粗 0.6 厘米。笔杆里为空心状，笔的一端削成舌状。

1906 年，英国人斯坦因在新疆若羌县米兰遗址中发现了芦苇管笔；1972 年，中国考古工作者在甘肃武威市张义堡西夏遗址中发现了竹管笔。从形制上看，这两支笔极为相似，都以木质材料精工削磨，有锋利的笔尖和马耳形笔舌。尤为令人称奇的是，这两支笔的笔舌正中都有一条缝隙，呈双瓣合尖状，与现代钢笔笔舌有着异曲同工之妙。笔舌正中劈缝，不仅增加了笔尖的柔软性，降低了划破纸张的概率，还为墨汁缓慢下渗提供了通道，使书写更为流利。

从考古发现和传世文献来看，西域居民使用过佉卢文、汉文、焉耆－龟兹文、于阗文、突厥文、粟特文、回鹘文、摩尼文、吐蕃文、哈卡尼亚文、八思巴文、察合台文、托忒文等多种语言文字。学者们认为，除汉文外，其他文字大多是用苇笔、木笔等硬笔书写的。

新疆出土的毛笔、苇笔、木笔等文房用具，不仅为我们认识古代西域居民的文化生活提供了珍贵的实物资料，也为中国古代书法研究增添了丰富的内容，具有重要的历史和文化价值。

丝路音乐符号——琵琶

琵琶是历史悠久的中国传统弹拨乐器。琵琶又称批把，最早见于东汉刘熙的《释名·释乐器》："批把，本出于胡中，马上所鼓也。推手前曰批，引手却曰把，象其鼓时，因以为名也。"意即批把是骑在马上弹奏的乐器，向前弹出称作批，向后挑进称作把，根据其演奏的特点而得名。琵琶是由历史上的直项琵琶及曲项琵琶演变发展而来。《隋书·音乐志》记载："今曲项琵琶、竖头箜篌之徒，并出自西域，非华夏旧器。"

琵琶自汉代从西域传入中原后，历经魏晋南北朝的发展，到了隋唐时期，随着经济文化的繁荣，中国歌舞音乐进入了鼎盛时期，琵琶音乐也迎来了发展高峰。在唐朝，琵琶的演奏活动十分活跃，无论是宫廷、私家院落还是歌楼酒肆，都可以听到琵琶的演奏声。唐代诗人岑参有"凉州七里十万家，胡人半解弹琵琶"（《凉州馆中与诸判官夜集》）的诗句，生动地描绘了当时琵琶演奏的普及程度。龟兹人苏祇婆是历北周、隋、唐三代的西域音乐家，他不仅琵琶技艺超群，而且精通龟兹音乐理论。他把西域所用的"五旦七调"等音乐理论带到中原。当时的音乐家郑译向他学习龟兹琵琶及龟兹乐调理论后，创立了八十四调理论，对汉民族乐律的发展作出了卓越的贡献。琵琶也因此大盛，成为中国主要的传统乐器。

　　琵琶在古籍中有诸多记载，亦常见于绘画、雕塑等作品里，然而考古出土的琵琶实物却相对较少。正因如此，新疆各地出土的琵琶就显得尤为珍贵，为中国琵琶历史文化的研究提供了珍贵的实物资料。

　　2006年5月，在新疆和田地区策勒县达玛沟乡托普鲁克墩佛教寺院2号遗址考古发掘过程中，一位农民在遗址群周边沙堆中发现了一件琵琶形乐器。该琵琶为木质，呈棒状、直颈，由琴头、琴颈、箱体、覆手、弦轴（已丢失）等部分构成。其中，覆手上有3个系弦孔；琴头两侧对称开着3个圆孔，用以插装弦轴；琴颈上第一柱和孤柱保留完整，第一柱上留有3道清晰的弦痕，证明这是一把三弦琵琶，且被长时间弹奏使用。据考证，这把琵琶应是北朝时期的遗物，是中国目前发掘出的保存较好的琵琶实物。

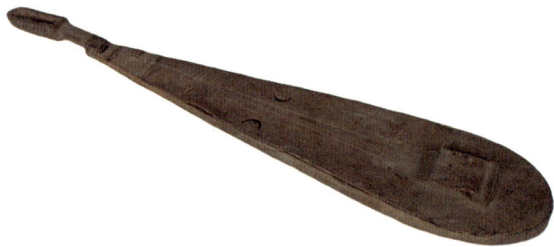

策勒县达玛沟乡托普鲁克墩佛教寺院遗址出土的木琵琶（北朝）

　　和田地区还曾出土大量陶片、陶俑，部分陶片、陶俑上有弹琵琶的造型。例如，在和田县巴拉玛斯遗址出土的一块唐代陶片上，就浮雕有弹琵琶的女子形象。此陶片高11.5厘米，宽9.5厘米。陶片上的女子梳着发髻，脸庞丰腴，身着宽松上衣，左手扶琴颈，右手弹琴，鼻梁高挺，眼睛紧闭，嘴唇微张，一边弹琴，一边唱和，似乎进入了忘我的艺术境界。陶片上琵琶的3根弦清晰可见，说明女子所弹的琵琶是一把三弦琵琶。

　　其实，这种三弦琵琶早在民丰县尼雅遗址中就有出土。1906年，英国人斯坦因在尼雅遗址发现了一把琵琶残件，仅存上半部分，包括琴头、琴颈和琴轸。琴头上插有3根木琴轸，弦轸上有琴弦。该琵琶为魏晋时期的

和田县巴拉玛斯遗址
的弹琵琶者陶片（唐）

物件，说明当时的西域就已经有了三弦琵琶。三弦琵琶沿用至唐代，《新唐
书·南蛮传》中对其有所记载："有龙首琵琶一，如龟兹制，而项长二尺六
寸余，腹广六寸，二龙相向为首；有轸柱各三，弦随其数，两轸在项，一在
颈，其覆形如师子。"

　　从发掘出土情况来看，琵琶在唐代吐鲁番地区也是重要的乐器之一。
1960年，新疆吐鲁番市阿斯塔那336号墓出土了一把唐代木琵琶，仅存椭圆
形的音箱，琴颈缺失，音箱最宽处6.3厘米，厚2.4厘米。此外，该墓葬中
还发现了彩绘泥塑的弹琴俑、吹奏俑、舞蹈俑、百戏俑和歌唱俑等，它们生
动地再现了唐代高昌乐舞艺术的繁荣。1973年，阿斯塔那224号墓也出土了
一把木琵琶，仅存琴颈，琴箱缺失，琴颈上开6孔以置琴轸，且尚存4个琴
轸。阿斯塔那墓出土的这两把木琵琶，虽然只剩下残件，但却足以反映琵琶
在高昌乐舞中的重要地位。

　　以库车绿洲为中心，今新疆轮台、库车、沙雅、拜城、阿克苏、新和
6县市，曾经是龟兹属地。汉唐时期，龟兹地区经济发达、文化兴盛，龟兹
乐舞更是闻名遐迩。在拜城县克孜尔石窟壁画中，琵琶极为常见，其中五弦

琵琶较为多见，而三弦琵琶则相对较少。此外，库车市库木吐喇和森木塞姆等龟兹石窟群也都绘有五弦琵琶。如克孜尔175窟壁画《生死轮图》中有两组伎乐形象，一组是弹五弦琵琶与吹排箫者各一；一组是弹五弦琵琶与弹竖琴者各一，其旁有一舞女，在琵琶的乐曲中翩翩起舞，姿态优美。在克孜尔石窟壁画中，五弦琵琶的演奏多被安置在紧靠佛的左右两侧。其演奏形式有独奏、伴奏，也有与其他类弹拨乐器、吹奏乐器、打击乐器等共同组合为舞蹈伴奏的形式，这些都从一个侧面反映了五弦琵琶的重要地位。克孜尔8窟壁画《伎乐天人图》是公元8世纪盛唐时期龟兹人的文化遗存，是佛居中的《说法图》的一部分。图中，上面的天人黑色皮肤，身着盛装，做出散花的姿态；下面的天人身体平展，俯冲而下，上身赤裸，下着裙裤，披帛带，胸前横抱一五弦琵琶，左手执琴颈，右手拨弦。这把五弦琵琶为绛红色，琴首为不等边三角形，有5个轸。这种形制的琵琶在龟兹壁画中较为多见，但此图最具典型。

　　琵琶，这一古老的乐器，见证了历史的变迁和文化的交流融合。它的音韵穿越时空，至今仍然在人们的心中回荡，让我们感受到了古代音乐文化的博大精深和无穷魅力。

克孜尔8窟壁画《伎乐天人图》

在中国古代乐器中，埙因体形较小似乎不太起眼，但早在数千年前，中原地区的人们就已经用它吹奏出了美妙乐曲，并传播到西域乃至更远的亚洲腹地。

埙的维吾尔语为"雀拉"或"雀洛克"。新疆民间至今仍使用着陶埙。考古工作者在哈密市伊吾县拜其尔古墓中发现了一件距今约 3000 多年的陶埙。此陶埙长 10 厘米，两端细、中间粗，呈橄榄形，一侧有 5 个孔，为新疆出土年代最早的吹奏乐器。当时哈密居民吹奏它时是怎样的情景呢？尽管没有文献记载，但据推测，它可能是古代孩童的玩具，也可能是古人放牧时吹奏的乐器，还可能是萨满巫师的法器，与吐鲁番市鄯善县洋海出土的同时期的箜篌有异曲同工之妙。

那么，陶埙这种乐器是从哪里传入西域的呢？

中国是世界上最早使用埙的地区，不少文化遗址中都出土过埙。如浙江余姚市河姆渡遗址发掘的陶埙，呈椭圆形，只有吹孔，无音孔，距今约 7000 年。陕西西安市仰韶文化遗址发掘的陶哨，形略如橄榄，也只有一个吹孔，用细泥捏塑而成，是埙的原始形态之一，距今约 6000 年。纵观埙的历史发展轨迹，其在商代取得较大发展，中原地区出现了陶制、石制和骨制等不同材质的埙，以陶制最为常见，形状多为平底卵形。至战国时期，埙的形状更为多样。据此推断，埙很可能是从中原传入西域的。

拜其尔古墓出土的陶埙，与甘肃玉门市火烧沟遗址出土的陶埙有相似之处。1976 年，火烧沟遗址共出土了 30 个陶埙，距今 3500 年左右，其中 9 件保存较好，高约 8～10 厘米，呈扁平圆鱼形状，且均有 3 孔。拜其尔古墓出土的陶埙虽形状与之不同，但同样有 3 个孔。拜其尔古墓群是与甘肃河西走廊四坝文化有密切关联的墓葬群，哈密作为连接西域与中原的重要节点，在这里发现从河西走廊传入的陶埙也就不足为奇了。

后来埙又传入西域其他地区。考古工作者在和田地区墨玉县库木拉巴特佛寺遗址发现了一件唐代陶埙。此陶埙以灰粗砂土烧制，中空，长 6.6 厘米，高 2.3 厘米，宽 2.7 厘米。它雅拙朴实，造型独特，似为一人头形状：发髻高耸，鼻梁隆起，左右两个按音孔犹如双目，吹口则如伸出的嘴部。墨玉县为古代于阗之地，当时此地的陶器造型艺术十分发达。这件出土于佛寺的陶埙，不仅形制特殊，或许还与佛教音乐艺术存在着一定的联系。

故宫博物院和中国艺术研究院音乐研究所还藏有清代宫廷所用的红漆云龙埙。此埙高 8.5 厘米，腹径 7 厘米。埙体有 6 个音

伊吾县拜其尔墓出土的陶埙（距今约 3000 多年）

孔（前4后2），通体红漆，描绘金龙和云纹，尽显皇家威严风范。

埙作为一种古老的乐器，其起源与先民的生产活动有着紧密的联系。一种观点认为，埙最早可能是先民模仿鸟兽叫声制作的，用以诱捕猎物。后随社会进步而演变为乐器，并逐渐增加音孔，发展成可以吹奏曲调的旋律乐器。也有观点认为，埙源自一种叫作"石流星"的狩猎工具。古时候，人们常用绳子系上石球或者泥球，投出去击打鸟兽。有的球体中间是空的，抡起来一兜风会发出声音。起初，埙大多用石头和骨头制作而成，后来发展为陶制，其形状也更加多样化，有扁圆形、椭圆形、球形、鱼形和梨形等，其中以梨形最为普遍。

埙是一种中音吹奏乐器，其音色古朴醇厚，备受古人推崇。除甘肃和新疆外，埙还在中国山西、陕西、河南、浙江、江苏、山东等地出土过。埙的发展经历了从一孔到多孔的漫长演变过程。大约在四五千年前，埙由1个音孔发展到2个音孔，能吹3个音。到了3500年前左右的殷商早期，埙得到了进一步的发展，有3个音孔，能吹4个音。到公元前1000多年的晚商时期，埙发展到5个音孔，能吹6个音。到公元前700多年的春秋时期，埙已有6个音孔，能吹出完整的五声音阶和七声音阶。秦汉以后，埙主要用于宫廷音乐演奏。在宫廷音乐中，埙分颂埙和雅埙两种。颂埙形体较小，像个鸡蛋，音响稍高；雅埙形体较大，音响浑厚低沉，常和一种用竹子做成的吹管乐器篪配合演奏。《诗经》里就有"伯氏吹埙，仲氏吹篪"的记载，形象地描绘了兄弟两人一人吹埙一人吹篪的场景，表达了和睦亲善的手足之情。

新疆哈密伊吾县与和田墨玉县出土的陶埙，与中原地区出土的埙相比，表现出明显的地域性特征，极大地填补了新疆该领域考古的空白，表明早在3000多年前当地居民就会制作、吹奏这种源自中原的乐器，实证了先秦时期中原和西域的密切交往。

张雄是高昌王麹文泰时的左卫大将军、缩曹郎中，在当时是一位举足轻重的人物。唐贞观初年，他规劝麹文泰顺应历史潮流，归顺唐朝中央政府，遭到麹文泰的排斥，最终"殷忧而死"。张雄不仅是一位文武兼备的将才，而且闲暇时非常喜欢下围棋。1973年，新疆吐鲁番市阿斯塔那张雄夫妻合葬墓出土了一件木质围棋盘。这表明，至少在唐代初期，围棋这种游戏活动就已传入西域的吐鲁番地区。

该围棋盘保存较好，棋盘表面磨制得十分光滑，四周以象牙边条镶嵌，边长18厘米，高7厘米，方形底座，底座每侧有2个弧门。棋盘和现在的一样，上面绘制的线纵横各19道，方格规整，制作精巧。

下围棋也被称为"手谈"，是一种开发智力、修身养性的娱乐活动。关于围棋的起源，说法不一。战国《世本·作篇》曰："尧造围棋，丹朱善之。"春秋战国时期，围棋已在社会上广泛流传。据《西京杂记》记载，汉宫流行下棋，每年八月四日，戚夫人都要陪刘邦"手谈"，由此，八月四日宫中对弈便成了汉宫传统习俗。

《南史·柳恽传》载："梁武帝好弈棋，使恽品定棋谱，登格者二百七十八人。"可见棋类活动之普遍。而《南史》中记载的名叫娄逞的女

吐鲁番市阿斯塔那 206 号墓出土的木质围棋盘（唐代）

子，是中国史书上记载的第一位女棋手。娄逞知书识礼，有文才，懂围棋。为了下棋，她如同木兰一般，女扮男装与达官贵人交往。凭借自身才能，娄逞获任扬州议曹从事。后其女子身份暴露，宋明帝下旨将其遣送还乡。

西汉时期，关于围棋活动记载较少。到了东汉中晚期，围棋又盛行开来。当时，围棋被视为"小战场"，成为培养军事人才的重要工具。曹操、孙策、陆逊等军事家不仅能在战场上统领千军万马、指挥若定，而且都是围棋高手。1952 年，考古工作者于河北望都一号东汉墓发现了一件石质围棋盘，整体呈正方形，盘下有四足，盘面纵横各 17 道线。

在中国围棋历史发展过程中，其棋盘经历了 11 道、13 道、17 道、19 道线等变化。甘肃敦煌莫高窟石室发现的南北朝时期的《碁（棋）经》明确记载，当时的围棋棋局是"三百六十一道，仿周天之度数"。这说明当时已流行 19 道线棋盘。唐代以后 19 道线棋盘最终确定下来，并一直沿用至今。

唐代，围棋发展到了一个新的高度。随着最高统治者的提倡，对弈之风遍及全国。围棋不仅用于军事训练，而且用于发展智力、陶冶情性、愉悦身心，成为一项重要的娱乐活动。

唐玄宗李隆基对围棋十分痴迷，他不仅经常欣赏国手精彩的对局，有时还召集善弈的王公大臣陪弈。南唐画家周文矩曾以唐玄宗弈棋为题材，画了一幅《明皇会棋图》，画面上唐玄宗身旁就有几位神态各异的人物。唐诗中对围棋有一定的记载，如张乔在《赠棋僧侣》中写道："机谋时未有，多向弈棋销。已与山僧敌，无令海客饶。静驱云阵起，疏点雁行遥。夜雨如相忆，松窗更见招。"

唐代实行"棋待诏"制度，在翰林院中设有专门陪皇帝下棋的专业棋手。这些棋手经过严格的考核，皆是一流水准，故称为"国手"。唐代的"棋待诏"有唐玄宗时期的王积薪、唐德宗时期的王叔文、唐宣宗时期的顾师言及唐僖宗时期的滑能等。

随着围棋活动的普及，这种游戏也出现在西域地区，当地贵族女子对它情有独钟。1972 年，吐鲁番市阿斯塔那 187 号墓出土的绢画《弈棋仕女图》，就是唐代吐鲁番居民对弈之风兴起的例证。弈棋贵妇部分的绢画长 63 厘米，宽 54 厘米。贵妇头梳高髻，发间插翠钿，额间贴花钿，阔扫眉，穿着宽松的红地蓝花袍服，端坐在一张装饰华丽的方形矮桌前弈棋。

唐朝时期，中外文化交流频繁，围棋逐渐走出国门。当时日本和朝鲜的使者将围棋带回本国后，围棋很快在当地流行，涌现出许多围棋名手。宋代，围棋传入西域的疏勒地区。11 世纪的维吾尔族古典长诗《福乐智慧》中提到，充任使节者必须"围棋、象棋样样精通"。围棋的传播，不仅丰富了人们的文化生活，也促进了不同地区之间的文化交流。

吐鲁番市阿斯塔那 187 号墓出土的绢画《弈棋仕女图》（局部，唐代）

足球，作为世界第一大体育运动，备受人们的喜爱。每四年一届的世界杯足球赛，更是吸引了无数人的关注。足球的起源可追溯到中国古代的一种球类游戏"蹴鞠"。蹴鞠在中国拥有数千年的历史，而后经阿拉伯人传至欧洲，逐渐演变成了现代足球。

关于古代西域开展蹴鞠活动的情况，在中国史籍中难以寻觅，但20世纪50年代以来新疆吐鲁番地区出土的纸质文书中的记载，填补了这一空白。特别是吐鲁番阿斯塔那和哈拉和卓墓地出土的部分《随葬衣物疏》，载有"踏鞠囊一枚"等内容。有研究认为，"踏鞠"就是中国古代的足球活动——蹴鞠。可见，起源于中原地区的蹴鞠也曾在新疆吐鲁番流行一时。

《随葬衣物疏》就是给死者随葬物品的"清单"。在吐鲁番晋唐时期的墓地中，几乎每个墓葬里都能发现《随葬衣物疏》文书，内列有给死者随葬的衣服、什物的名称、质料及数量。在这类文书中，多数列有一类叫作"踏鞠囊"的东西，且不论墓主人性别，很多都将其列入其中。现举几例：

1. 前秦建元二十年（384年）缺名
随葬衣物疏的"踏鞠囊一枚"。

2. 建平六年（442 年）张世容随葬衣物疏的"踏白囊各一枚"。

3. 西凉建初十四年（418 年）韩渠妻随葬衣物疏的"踏白囊一枚"。

4. 北凉真兴七年（425 年）宋泮妻隗仪容随葬衣物疏的"故白绢踏鞠囊一枚"。

5. 北凉缘（延）禾（和）六年（437 年）翟万随葬衣物疏的"故怀袖踏白囊各一枚"。

6. 永康十七年（482 年）阿苟田随葬衣物疏的"故踏白一枚"。

7. 高昌章和十八年（548 年）缺名随葬衣物疏的"踏后囊一枚"。

以上文书中出现的"踏"，是"蹋"的异写，亦称"蹴"，为脚踢之意。此外的"踏白""踏鞠"及"踏后"所指皆一，也就是"蹴鞠"，而其前冠以"故"字者，当说明此物是墓主人生前使用之"故"物。

以上文书说明，晋代至南北朝时期，高昌地区的蹴鞠活动颇为盛行，且不仅在当地男子中流行，同时也是女子喜爱的活动形式。如韩渠的妻子、宋泮的妻子均以"踏鞠囊"随葬。"踏鞠囊"即是专门盛装鞠的袋子，而且所蹴之鞠还有用白绢制成的，有的小到能放到衣袖管里去，可见形式多样。这一时期，蹴鞠是中原地区极为盛行的一种体育活动，地处西北边陲的高昌亦甚流行，历数百年而不衰，足见它传播之广、影响之大。

关于蹴鞠的起源，有黄帝说和战国说两种。西汉学者刘向在《别录》中云："蹴鞠者，传言黄帝所作，或曰起战国

1975 年吐鲁番市哈拉和卓 96 号墓出土的宋泮妻隗仪容随葬衣物疏（北凉）

时。蹴鞠，兵势也，所以练武士，知有材也，皆因嬉戏而讲练之。"虽说黄帝属传说人物，缺乏确切的历史依据，但可以表明足球运动在中国有着非常悠久的历史。

　　到了战国时期，蹴鞠已经发展得比较成熟。根据齐宣王于公元前 319 年至公元前 301 年在位的推测，我们大致认为在 2300 年前，齐国临淄已经开展了非常广泛的蹴鞠活动，蹴鞠已经是当时非常盛行的体育和娱乐活动。

　　到了汉代，蹴鞠更加盛行。桓宽在《盐铁论》中说，西汉社会承平日久，"贵人之家，蹴鞠斗鸡"为乐。当时女子也喜欢上这种运动，河南登封发现的东汉画像石就有女子飞身踢鞠的生动画面。当时已有了专门踢蹴鞠的场地——鞠城，并有正副裁判执法，有一套比赛规则，主要是在军队中进行对抗比赛，比赛相当激烈。在敦煌马圈湾烽燧遗址出土有汉代蹴鞠实物，因其体积较小，推测可能是随军子女的玩具。到了唐朝时期，蹴鞠的军事意义逐渐消退，转而在民间广泛流传，且更注重娱乐性。这一时期，鞠的制作工艺大有改进，由在皮革内装满毛发的实心球，发展为用动物膀胱制作的充气球胆，外包8块动物皮。如此一来，球的重量大为减轻，踢出的效果更高更远，而且能够踢出各种花样，趣味横生。

宋朝时期，由于统治者的提倡，蹴鞠获得空前的发展和普及，是中国蹴鞠运动的巅峰时期。南宋杭州还出现了蹴鞠的团社——齐云社。这一时期，宋朝的很多皇帝、大臣都热衷蹴鞠，宋太祖赵匡胤、太宗赵光义都是蹴鞠爱好者。《水浒传》里的高俅，凭借高超的蹴鞠技艺，获得宋徽宗赏识而被提拔为高官。元朝以后，蹴鞠在民间继续流行，但逐渐走向衰落。清朝中期以后，随着西方足球的传入，中国蹴鞠便逐渐淡出了人们的视线。

蹴鞠这种起源于中原的古老传统运动，在西域的出现绝非偶然。中原与西域之间的交流往来由来已久，文化的传播亦在其中。蹴鞠作为中原文化的一部分，不仅丰富了西域的文化生活，也见证了两地文化交流的历史。

丝路年味——元宵节

猜谜语、放花灯、放烟花、舞狮，这些现代人们过元宵节的传统节目，在古代西域同样备受欢迎。它们不仅增添了节日的喜庆氛围，也承载着人们对美好生活的向往和祝福。

元宵节起源于汉代。据《史记》记载，西汉初年平定诸吕叛乱的日子是正月十五，汉文帝便决定每逢此夜都要出游，与民同乐，以示庆祝。后来人们便将此日定名为元宵节。当时，正月被称作元月，夜晚被称作宵，故而得名元宵节。在汉朝时期，元宵这种食品还未出现，但在夜里燃灯和观灯的习俗是存在的，因而元宵节也被称为灯节。据《史记·乐书》记载，汉明帝永平年间推崇佛法，敕令在元宵节点灯敬佛，这就开了元宵放灯的先例。此后，每年的元宵节都有放灯的活动。

到了南北朝时期，元宵节放灯的活动在西域高昌比较兴盛。新疆维吾尔自治区博物馆收藏的一幅对鸡对羊灯树纹锦，就生动地再现了千年前西域居民"火树银花"闹元宵的场景。此锦于1972年在吐鲁番市阿斯塔那古墓出土，长24厘米，宽21厘米，主要由红、白、黄三色组成图案。其图案以灯树纹为主，树有台座，呈塔形，枝叶间分布着6盏灯，分3层排列。树的边缘织有放射状线条，像夜晚花灯放出的耀眼光芒。这幅织锦的图案花纹表现的是古代中原地区元宵节"火树银花不夜天"的情景。这也表明,当时中原地区元宵节张灯结彩、普天同庆的习俗已经传播到了西域。

关于"火树银花"的来历众说纷纭。一种说法认为其源于唐朝杨贵妃的姐妹韩国夫人。在天宝年间一个元宵节,她在一座高山之巅的树上挂了各色各样的特大彩灯,使远方之人都能看到,蔚为奇观。《开元天宝遗事》记载:"韩国夫人置百枝灯树,高八十尺,竖之高山,元夜点之,百里皆见,

吐鲁番市阿斯塔那墓出土的对鸡对羊灯树纹锦(北朝)

光明夺月色也。"另一种说法认为其源于唐代诗人苏味道《正月十五夜》的诗句:"火树银花合,星桥铁锁开。暗尘随马去,明月逐人来。"

唐朝时期,放灯场面十分宏大。唐玄宗时,元宵放灯活动发展成为热闹的灯市。据《岁华纪丽》《影灯记》等文献记载,唐玄宗曾下令建造一座高约46米的大灯楼,光照长安。《朝野金载》又记载,当时京城"作灯轮高二十丈,衣以锦绮,饰以金玉,燃五万盏灯,簇之如花树"。从这些记载中不难看出当时放灯场面是何等的壮观辉煌。

到了宋朝,元宵灯市更是盛况空前,堪称中国古代的狂欢节。当时的灯种类繁多,有白玉灯、琉璃灯、珠子灯、羊皮灯、罗帛灯、羊皮灯等,制作精巧,造型各异。灯上绘有山水人物、花竹翎毛。其中,人物灯有"嫦娥奔月""西施采莲""刘海戏蟾"等主题;花果灯主题有荷花、牡丹、葡萄、瓜、藕、柿、橘等;动物灯主题有鹿、鹤、龙、马、猴、凤等祥禽瑞兽,还有金鱼、鲤鱼、蛙、虾之类的水生动物。

放灯的时间,唐代规定为3天,宋代增加到5天,明代朱元璋时放灯时间又延长至10夜之久。唐宋时,灯市还出现了灯谜和杂耍技艺;到明清时,灯市又增设了戏曲表演内容。

舞狮表演作为古代灯市杂耍技艺的一种,有着悠久的历史。早在唐朝时期,西域就已有舞狮表演。新疆维吾尔自治区博物馆收藏的一件舞狮泥俑,就是当时舞狮盛行的有力佐证。这件舞狮泥俑于1960年出土于吐鲁番阿斯塔那336号墓,是唐代艺术作品。它高13厘米,长10厘米,其造型与现今两人扮演的狮子造型一模一样。狮子头顶扁平,眼球向

吐鲁番市阿斯塔那墓出土的泥塑
舞狮俑（唐代）

外凸，嘴张开，上下两排牙齿整齐排列，狮头微微抬起。狮身像一个斗篷，把两位舞狮者罩在里面，但舞狮者的双脚露在外面清晰可见。《乐府杂录·龟兹部》有"五常狮子舞由龟兹传入长安"的记载，由此可见，在中国，狮舞最早出现在龟兹地区。狮舞在唐代十分盛行，皇帝常会组织盛大的狮舞会，并亲自当"导演"组织演出。当时，白居易在其《西凉伎》中，对狮舞有比较生动的描绘："假面胡人假狮子。刻木为头丝作尾，金镀眼睛银帖齿。奋迅毛衣摆双耳，如从流沙来万里。"诗中描绘的狮子与狮舞泥俑造型比较相似。时至今日，中国部分地区仍保留了元宵节舞狮的习俗，新疆和田、库尔勒等地区的麦西热甫舞蹈中也可以看到类似动物模拟舞的表演。

　　元宵节的活动精彩纷呈，形式多样。这些极具民族特色的活动历经千百年，始终保持着旺盛的生命力，深受人们喜爱。它们为人们的生活增添了许多乐趣，让这个传统节日充满了浓郁的节日氛围和文化魅力。

茶树是主要生长在热带和亚热带地区的一种植物，受自然地理环境的影响，中国北方和西部地区不适宜种植茶树。正因如此，西域地区自古以来便通过丝绸之路输入茶叶，以满足当地民众的茶饮需求。

文献记载和考古发现表明，唐朝时期茶就已输入西域地区，而且出现了茶马贸易，丰富了西域各族人民的饮食文化，推动了中原与西域之间的经济、文化交流。饮茶风俗和文化的普及，加速了西域对中原文化的体验和认同。新疆吐鲁番阿斯塔那唐墓出土的绢画《托盏侍女图》，就是唐朝饮茶习俗在西域流传的重要例证。

吐鲁番是新疆传入茶叶最早的地区

中国是世界上最早发现茶树、栽培茶树和利用茶叶的国家。唐代茶学家陆羽在《茶经》中称："茶之为饮，发乎神农氏，闻于鲁周公。"东汉的《神农本草经》也说："神农尝百草，日遇七十二毒，得茶而解之。"这说明中国茶文化历史十分悠久，可追溯到史前时代。西汉王褒的《僮约》中有"烹茶尽具""武阳买茶"的描述，此为中国茶叶市场的最早文献记载，说明当时四川彭山一带已经有了专门的茶叶市场。魏晋时期，士人清谈之风日盛，好究玄理之深奥，以茶佐谈渐成世风。到了唐朝，中原地区茶文化发展到了一个新的高度，而且远播边疆地区，对当地饮食文化产生了重要影响。茶叶最早传入西域的地区是吐鲁番，吐鲁番市阿斯塔那墓出土的一幅绢画证明了这一点。

绢画《弈棋仕女图》是 1972 年出土于吐鲁番市阿斯塔那 187 号墓的屏风画，出土时已破碎，经修复，重现了大体完整的 11 位妇女儿童形象。画面以弈棋贵妇为中心人物，围绕弈棋又有侍婢应候、儿童嬉戏等内容，反映了唐代西域女子充满闲情逸致的休闲娱乐生活。其中，《托盏侍女图》是《弈棋仕女图》的一部分，图中的奉茶侍女，头梳丫鬟髻，额间装饰花钿，身着蓝色印花圆领长袍，双手托盏，表现了她为弈棋的主人进茶的情景。

唐朝以前，茶大多为上层贵族所享用；到了唐代，饮茶之风才扩散至民间，成了人们日常生活的一部分。那时，饮茶成为社会风尚，正如《旧唐书·李珏传》中所提及的："茶为食物，无异米盐，于人所资，远近同俗。既祛竭乏，难舍斯须，田间之间，嗜好尤切。"当时，不少城市出现了

吐鲁番市阿斯塔那墓出土的绢画《托盏侍女图》（唐代）

专门卖茶的茶馆，还出现了专门用于饮茶的器具——茶盏。在唐代，饮茶器有茶碗（盌）、茶瓯。在宋代，茶盏盛行，但茶碗、茶瓯依然存在。进入明清之后，茶杯逐渐成为主要的饮茶器。

茶盏一般与茶托搭配使用。绢画《托盏侍女图》中的女子，小心翼翼地将茶具托于右手掌上，左手扶持茶托底部，茶盏置于茶托的中央部位。从绢画中不好确定茶盏的质地，有可能是釉陶、瓷器或木制。20世纪50年代以来，吐鲁番唐墓中出土了大量的彩绘木杯、陶杯，都是可以用于饮茶的器具。1972年，吐鲁番市阿斯塔那230号墓出土了一件彩绘小木盒，通高7.5厘米，制作小巧精致，盒身装饰宝相花纹，是可以用来存储茶叶的精美器皿。

吐鲁番市阿斯塔那墓出土的彩绘小木罐（唐代）

回鹘与中原的茶马贸易

茶具有生津止渴、帮助消化的功效，对于喜欢肉食和食酪饮乳的西域各民族来说，茶叶消费需求强烈。同时，中原地区渴望获得西域的马匹等战略物资。在中原地区与边疆生产结构与消费结构互补的前提下，以物易物性质的开边互市在唐代发展起来。

据文献记载，生活在漠北的回鹘人与

唐朝进行过茶马贸易。回鹘人是维吾尔族的古代先民，与唐朝关系十分友好。唐太宗更以"天可汗"的地位受到回鹘人的拥戴。特别是回鹘出兵帮助唐朝平定"安史之乱"后，回鹘势力受到唐朝政府的重视，双方关系日益密切。

在回鹘与唐朝长期频繁的交往中，中原文化不断传入回鹘地区，其中包括中原的饮茶习俗。于是，回鹘与中原之间出现了茶马贸易。《新唐书·陆羽传》中载："羽嗜茶，著经三篇，言茶之原、之法、之具尤备，天下益知饮茶矣……其后尚茶成风，时回纥入朝，始驱马市茶。"这是中国历史上有关茶马互市的较早记载。唐人封演所著的笔记小说《封氏闻见记》也有记载："（饮茶）始自中地，流于塞外。往年回鹘（纥）入朝，大驱名马市茶而归，亦足怪焉。"唐代中后期，割据政权林立，战无宁日，唐王朝为了平定各路叛乱，亟须马匹。因此，朝廷便主动利用茶叶与回鹘进行马匹交易。公元 840 年，回鹘大规模西迁至西域，把饮茶习俗带至丝绸之路。此后，这一习俗扩散到中亚各地，茶的需求也逐步增多起来。

宋、元以来的西域茶文化

自宋、元以来，诸多文献标明，茶叶成为输入西域的大宗商品。宋朝时期，中原与喀喇汗王朝在经济、文化方面交往密切。喀喇汗王自称"桃花石汗"，意为"中国之汗"。当时，西域居民对茶的喜爱超过了历代，而且茶叶作为大宗商品输入喀喇汗王朝境内。如《宋史·食货志》记载："宋之经费，茶、盐、矾之外，惟香之为利博，故以官为市焉。"喀喇汗王朝占领于阗后，即以和中原一贯关系友好的于阗名义遣使至宋王朝进贡，发展通商贸易关系。

元代是丝绸之路的繁盛时期，茶叶与丝绸、瓷器等同为运销西域的大宗商品。当时，回鹘人不仅喜欢饮茶，而且对散茶的制作工艺还有一定的研究。元代农学家鲁明善在《农桑衣食撮要》中，对元代散茶的制作工艺和流程有详细的记载。书中提到"摘茶，略蒸，色小变，摊开扇气，通用手揉，以竹箸烧烟火气焙干"，可见元代散茶的制作主要有"杀青、揉捻、干燥"等工序。

清朝时期，茶成为西域重要的传统饮料。乾隆年间，清政府把大批库存的茶叶投放到西域，给官长发饷，当时称"官茶"。"官茶"是当时西域茶叶的重要来源。茶叶供不应求时，各地群众便利用一些野生植物叶子，经加工后充当茶叶的代用品。早在18世纪后期，新疆伊犁地区居民就有用山中野生植物叶子充当茶叶饮用的习惯，以后在民间渐为流行，当地称"土茶"。乌苏产的柳花茶清香微苦，在清代曾被列为贡品。清末以来对柳花茶的传颂甚多，王子钝的《柳花八绝·其一》写道："杨柳花开湖水长，柳花作茗沁脾凉。青莲不饮柳花水，空唱柳花满店香。"

如今，茶香不仅在丝绸之路上久久萦绕，而且深深融入了百姓的日常生活，成为西域文化的重要组成部分，亦是西域和中原文明交流的鲜活印证。

自 20 世纪 80 年代以来，新疆考古工作者在南疆遗址墓葬里发现了一些古代手杖，其中既有普通的木手杖，也有具西方色彩的权杖，以及带有东方文化特征的鸠杖。

1984 年，洛浦县山普拉墓葬出土了 6 把汉代手杖。它们皆用细木棒制作而成，长 66 ～ 120 厘米，粗 1.6 ～ 3.6 厘米，表面光滑，手柄分为曲柄和球柄两种形制。其中一把曲柄手杖的手柄呈倒钩状流线型，体现了人性化的设计理念，与现今使用的普通手杖比较接近。山普拉古墓群是汉晋时期于阗人的公共墓地，所以这些手杖应是当时于阗人使用过的物件。在山普拉墓葬出土的几把手杖中，最值得关注的是球柄手杖，学者们认为，球柄手杖应是古代西方流行的权杖。

1996 年，考古工作者在民丰县尼雅遗址采集到一把白玉权杖头，直径 6 厘米，高 5 厘米，

洛浦县山普拉墓出土的手杖（东汉）

洛浦县山普拉墓出土的手杖局部

保存完好，表面十分光滑，是汉晋时期精绝人的物件。同年，且末县扎滚鲁克墓葬出土了3把距今约2500年的木制手杖。其中一把保存比较完整，长91.2厘米，粗1.2厘米，其把手是依自然柽柳外形稍作修理而成。

新疆目前发现的最早的权杖类文物，是2003年小河墓地出土的圆形白玉石权杖头，此权杖头距今3600余年。

2004年2月19日，新疆文物考古研究所在小河墓地M24墓发现一件距今3500余年的手杖。手杖把手粘接着用骨雕刻的人面像。人面像高约11厘米，最宽处有1.2厘米，由上下两部分组成，上端3/4的部分又高又尖，可能象征着帽冠；下端1/4的部分是人面，鼻子夸张，鼻梁高突。手杖中段围裹着黄色、黑色鬃毛，鬃毛的外面密密地缠着绳子。M24墓主人是一位中年男子。他发须金褐色，手腕佩戴7圈珠链，额鼻涂画红色线条，腰部摆放着一具牛头，牛头额鼻涂画的红黑色线条依稀可见。手杖放置在墓主人的足部，学者们推测它是祭祀时使用的法器。

关于权杖的来源有几种说法。一种说法是原始社会后期，部落首领为显示自己的权力来自神灵，常会手握部落所崇拜的图腾，以此表明自己是人神合一或神的化身。后为携带方便，图腾逐渐演变成权杖。还有一种说法是远古时代，部落首领多为有智慧的长者，为行走方便，也为随时惩罚违法乱纪者，他们手中握有经过本部落全体成员认可的、有特殊标记的手杖。后来，这种有特殊标记的手杖就成为首领身份和地位的象征，并逐渐演变成各种各样的权杖。

在世界范围内，最早的权杖头发现于西亚的安纳托利亚和两河流域。而在中国，权杖头主要出土于新疆、甘

小河墓地M24墓出土的手杖（距今3500余年）

肃、青海、西藏、陕西和内蒙古等地。比如，甘肃西和县宁家庄出土了距今约5000年的彩陶权杖头，新疆罗布泊小河墓地出土了距今3800多年的权杖头，内蒙古赤峰市巴林右旗那斯台遗址也出土了权杖头等。有学者认为，权杖在西亚出现后，作为一种特殊的文化特质，开始向外传播辐射。其传播路径为：从西亚地区向西沿地中海沿岸进入埃及，向西北传入东南欧，向北传入高加索地区，向东则进入中亚。

鸠杖是具有中原特色的手杖，在全国各地古墓都有发现，汉代画像石刻也生动记录了鸠杖的实物资料。鸠杖也叫王杖或玉杖，是自西周以来，各朝政府为体现和倡导尊老养老风气授予老人的手杖。《礼记·月令》记载，每年仲秋之月，"养衰老，授几杖，行糜粥饮食"。周代倡导的"高年授杖"活动，一直延续到汉代以后，特别是汉代尤为突出。

据甘肃武威汉墓出土的《王杖·诏书令》竹简记载，西汉宣帝刘询为推行尊老爱老的社会风尚，以求长者延年益寿，曾下旨将手杖的顶端制成鸠鸟头状，赐给全国70岁以上的老人。相传鸠鸟食道畅达，是"不噎之鸟"，且寿命很长，故其意是在祝愿老人饮食无碍、健康长寿。

学者们还认为在中国古代文字学中，"鸠"通"九"。"九"是个位数中最高的数字，又称"天数"，象征极高、极多、极长、极大。因此，鸠便被视为吉祥之鸟，将鸠赠予老者，即有"九秩"（90岁）长寿之喻。

许多鸠杖顶端处装置有木鸠或铜鸠，有些鸠杖更饰有绚丽的流苏。河北满城汉代刘胜墓中出土过铜鸠杖首，它高5.7厘米，作鸠头形，长喙，圆眼，颈作椭圆形銎，杖已朽。吐鲁番墓葬中出土的北朝至唐代时期的鸠杖，通体涂黑，长 1.74 米，杖头是一只雕刻精细的木鸠，身涂少许红色，口衔红绶带。自汉代张骞出使西域以来，中原与西域的政治、文化联系比较密切，中原的许多管理制度和生活习俗传入西域。新疆墓葬出土的鸠杖便很好地印证了这一现象，说明"高年受杖"制度，曾一度流传于西域高昌地区。

吐鲁番墓葬中出土的鸠杖（北朝至唐代）

古代手持鸠杖的老年人可享受诸多优待政策。据史书记载，汉高祖刘邦即位不久，就向全国颁发了《养老令》，规定在县、乡各置三老一人，县三老可以和县令、县丞、县尉等官员平起平坐，有事互相请教；免除他们的徭役，并在每年的十月赐给酒肉。

汉文帝时颁行的《养老令》，对保障老人的生活条件，作出了具体的规定：80 岁以上的老人每年每月赐米一石、肉二十斤、酒五斗；90 岁以上的老人，加赐每人布帛二匹，丝绵三斤。

《王杖·诏书令》竹简中还记载，受王杖者享有相当于"六百石"官员（相当于县令）的政治待遇，允许行走于皇帝专用"驰道"的旁道，严禁官吏侵扰和欺侮老人，对欺侮老人情节严重者，判处重刑或死刑。对孤寡老人以及老、弱、病、残者，不收赋税，免除徭役。对有一定生产能力的老人，鼓励他们自立，从事生产活动，同样免除租、税和徭役。

汉朝的这些养老政策，充分体现了对老年人的尊重与关爱，为后世树立了尊老敬老的典范。

墓主人的守护神——彩绘泥塑镇墓兽

20世纪六七十年代，新疆考古工作者在吐鲁番古代墓葬中时常可以看到青面獠牙、面目狰狞的怪兽，这些被称为"镇墓兽"的怪兽是为震慑鬼怪、守护墓主人灵魂不受侵扰而设置的一种明器。在新疆维吾尔自治区博物馆收藏的镇墓兽中，比较典型的是几尊彩绘泥塑作品，一尊是彩绘狮面豹身镇墓兽，另两尊是人面兽身镇墓兽。它们以面目狰狞的造型、怪诞抽象的形象、谲诡奇特的构思，给观众带来了新奇的视觉体验和无限遐想。

狮面豹身镇墓兽于1972年出土于吐鲁番市阿斯塔那216号墓，高75厘米，面目威严凶猛。它狮口大开，獠牙外漏，怒目圆睁，阔胸细腹，头、肩、背部插6只木翅，似欲飞腾而起；头顶竖一撮长毛，其侧双耳直竖，下颌上有3撮须毛，两颊及肘部鬃毛上翘，背上耸立3撮长毛，体侧各塑出一只眼睛；尾部贴身上翘，前肢直立，后肢弯曲，牛蹄形足，蹲坐于地。通体用黄、白和橘黄色绘出豹纹，并用黄、绿、蓝等色在上翘的宽尾上绘出细密的鬃毛，眼睛、鼻、须及牛蹄足均施蓝彩，显得格外鲜艳夺目。

另一尊人面兽身镇墓兽于1972年出土于吐鲁番市阿斯塔那224号墓，高86厘米。它头戴兜鍪，国字脸，扁耳，粗眉弯曲，深目高鼻，两

吐鲁番市阿斯塔那 216 号墓出土的狮面豹身镇墓兽（唐代）

吐鲁番市阿斯塔那 224 号墓出土的人面兽身镇墓兽（唐代）

吐鲁番市阿斯塔那 336 号墓出土的人面兽身镇墓兽（唐代）

眼圆睁，鼻上翘露出鼻孔，口鼻间夹有浓密的"一"字形棕色唇须，下颌上络腮髯须微微上翘，是一位充满怒气的胡人形象；前肢直立，后肢弯曲，牛蹄形足，蹲坐于地。通体用黄、白、蓝和橘黄色绘出豹纹，尾细长，自臀部下前伸，又弯曲穿过右后腿与躯体间的缝隙，再向后上翘，宛如一条长蛇，造型极富特点。

1960 年，阿斯塔那 336 号墓出土也出土了一尊人首兽身镇墓兽。它面目狰狞，一双猪耳左右侧立，高鼻，双眉弯曲倒立，两眼圆睁，脸部显示出紧张过度的扭曲表情。虽然身体未施色彩，但依然塑造得神形兼备，尤其是头上的独角，呈螺旋状高高耸立，到顶部呈尖形，螺旋纹间施黑彩，十分引人注目。

这几尊镇墓兽形象高大，分为兽首兽身和人首兽身两种形制。前者与中原地区出土的镇墓兽在艺术风格上十分相似，后两尊则表现出西域地方特点，镇墓兽的面部是一个典型的深目高鼻的胡人形象，流露出中原与西域文化交融的痕迹。另外，中原地区出土的镇墓兽大多为陶质，而西域唐墓出土的则用泥土制作。制作时，先用草秸捆扎兽身的骨架，用木杆作前腿，再在外面用细泥堆塑成坯体，然后在泥胎上精雕细刻，最后精心施以彩绘。吐鲁番古墓中出土的包括镇墓兽在内的彩绘泥俑，之所以可以保存上千年，是因为当地气候炎热、干燥少雨，使得泥俑始终保持坚硬，色彩也依旧鲜艳如初。这些保存完好、形象生动的泥塑艺术作品，在中原地区十分少见，是中国俑像中的精品。

从目前考古发现的情况来看，镇墓兽一般置于墓门内的两侧，镇守着墓门，旨在保护墓主人的安宁。镇墓兽最早见于战国墓葬中的木雕漆绘镇墓兽。陶质镇墓兽在汉代初见端倪，魏晋南北朝时基本定型，隋唐时期十分盛行，五代以后逐渐消失。

关于镇墓兽的起源，有学者认为，镇墓兽的使用习俗是从方相氏的传说演化而来的。先秦典籍《周礼》记载，有一种叫魍象的怪物，好吃死人肝脑；又有一种叫方相氏的神兽，有驱逐魍象的本领。所以死者家属常令方相氏立于墓侧，以防怪物的侵扰。据说，方相氏有黄金色的四只眼，掌蒙熊皮，穿红衣黑裤，乘马扬戈，到墓区内以戈击四角，驱方良、魍象。方良亦为危害死者的怪物。也有人根据早期镇墓兽头上的双角推测，镇墓兽应与"辟邪""灵神""土伯"等信仰相关。正因如此，镇墓兽往往被塑造成怪异、狰狞的猛兽形象，以期惩凶辟邪、消灾灭祸。

镇墓兽这种散发出浓郁中原文化气息的怪兽出现在西域地区，无疑反映了中原汉族丧葬文化对西域居民生活习俗的影响，同时也为研究中国古代社会文化和民俗风情提供了珍贵的实物资料。

方寸之间的艺术——剪纸

剪纸，作为中国传统民间艺术，历史源远流长。它通过剪、刻等手法，将纸张塑造成具镂空效果的精美造型。2009 年，"中国剪纸"入选联合国教科文组织《人类非物质文化遗产代表作名录》。但令许多人意想不到的是，中国最早的剪纸实物竟出土自新疆吐鲁番北朝时期的古墓中，那是 1500 多年前一位女子的杰作。

该剪纸 1959 年出土于吐鲁番市阿斯塔那 303 号墓，不仅保存非常完好，而且构图对称、画面均匀、线条流畅、美观大方，可以和现代民间剪纸艺术相媲美。剪纸为圆形，呈土黄色，中心图案为八角花形，依次向外为两圈菱形花纹，交叉错落，排列有序；再向外圈为梯形纹组成的三角形边饰。整个剪纸图案层次分明，变化繁复，颇有韵律感。这幅剪纸为折叠后一次剪成，造型简洁，刀法洗练，具有古朴浓郁的民间风格。

除此外，吐鲁番阿斯塔那墓还出土了对马团花剪纸、对猴团花剪纸、对蝶团花剪纸、菊花纹团花剪纸、人形剪纸等。其中，对马团花剪纸是在六边形内，交错安排圆形、菱形、三角形组成一朵莲花；在六边形上有 6 对相背而立的马，这些马被刻画得雄健有力，它们昂首翘立，目视前方。对猴团花剪纸的内圈多用几何纹样组成美丽的花纹图案；内外圈之间，16 只猴子分成 8 对围成圆圈。每对猴子向背而立，却又回过头来相对而视；一只前爪相携，另一只前爪攀着旁边的树枝。猴子们回首顾盼，似乎在林间嬉戏，玩得不亦乐乎。

考古工作者在阿斯塔那墓中发现了两种不同的人形剪纸，一种是剪成并排而立的 7 个女子形状，近似泥俑；另一种是在一张写有文字的圆形纸上，剪刻出 4 个对称站立的人形纹。这两种人形剪纸造型简洁、图案清晰，充满浓郁的生活气息。

新疆出土的这些剪纸，技艺精湛、图案精美。它们采用重复折叠的方式，以形象互不遮挡的处理手法，与今天的民间团花剪纸极其相似。装饰风格采用团花式，色彩偏黄，间带蓝色。它们以"成双成对"的表现形式展现，说明那时的人们就已经知晓了纸的可折叠性，并创造出对称与均衡的艺术表现手法。这足以证明，当时的剪纸艺术已经具有很高的水平。

纸和剪刀是制作剪纸作品的重要材料和工具。而谈到纸的发明，东汉时期蔡伦造纸的故事家喻户晓。然而20世纪以来的考古发现越来越清晰地表明，作为中国四大发明之一的造纸术，在西汉时期就已经出现。

吐鲁番市阿斯塔那墓出土的对马团花剪纸残片（北朝）

吐鲁番市阿斯塔那墓出土的对猴团花剪纸残片（北朝）

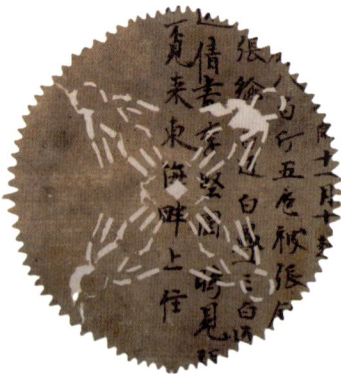

吐鲁番市阿斯塔那墓出土的人形剪纸（北朝）

1933 年，考古学家黄文弼在罗布泊以北的土垠遗址发掘出一张古纸。他在《罗布淖尔考古记》一书中记载了这张古纸的原貌："纸甚粗糙，不匀净，纸面尚存麻筋。盖为初造纸时所作，故不精细也。按此纸出罗布淖尔古烽燧亭中，同时出土者有黄龙元年（前 49 年）木简，'黄龙'为汉宣帝年号，则此纸亦为西汉故物也。"可见此纸比史载的"蔡侯纸"要早 100 多年。黄文弼所发现的麻纸在学术界被称为"罗布淖尔纸"。

除此之外，中国西北各地墓葬中也发现了西汉时期的纸：

1927 年，瑞典人贝格曼在内蒙古额济纳旗发现西汉时期的一张碎纸片，被称为"额济纳纸"。

1957 年，陕西西安东郊出土了灞桥纸。

1973 年，甘肃居延汉代金关遗址出土了西汉麻纸。

1986 年，甘肃天水放马滩古墓葬出土了绘有地图的麻纸，时代相当于汉代初年，纸上以细墨线绘出了山川、河流、道路等图形。

1990 年，甘肃敦煌甜水西汉邮驿遗址发掘出 30 余张西汉麻纸，其中 3 张写有文字。

以上实物证明，西汉时期中国已经有了造纸术。由于纸质物品的保存极为困难，故流传下来的剪纸实物并不多。学者认为，剪纸实物虽然最早出现在新疆的吐鲁番古代墓葬中，但它的起源还是在中原地区。《史记》中载有"剪桐封弟"的故事，记述周成王姬诵用梧桐叶剪成玉圭图像，赠给他的弟弟姬虞。晋唐时期，"镂金作胜"风俗盛行，"胜"就是用纸或金银箔、丝帛剪刻而成的花样，剪成套方几何形者，称为"方胜"；剪成花草形者，称为"华胜"；剪成人形者，称为"人胜"。上面提到的阿斯塔那墓出土的人形剪纸，7 个女子人形排列成行，此胜用于围饰发髻，说明女子戴胜的习俗也在西域流行。

新疆吐鲁番的剪纸艺术，不仅是中国传统文化的重要组成部分，更是人类文明的珍贵遗产。它们承载着历史的记忆，展现着古代人民的智慧和审美情趣。

丝路瓷器——高足青花瓷碗

1976 年，在新疆霍城县阿力麻里古城遗址出土了一只元代高足青花瓷碗。此碗高 11.2 厘米，口径 15.9 厘米，足径 6.5 厘米，器形敦厚坚实。其白釉底色略含青，青花发色偏灰，层次感强。此碗高足为上小下大，有 4 节竹形高足。碗从里到外布满画意，腹部的纹饰为缠枝牡丹、莲花、凤凰等。但青花由于发色不稳定，故有出现晕散现象。其画意入笔为顿笔，用色匀畅，毫无滞涩感。元青花的器物底部较有特点，基本是先作平底足，然后挖足，形成螺旋痕，一般有深矮两种，足内无釉。碗内壁所绘的三尾凤凰，是元代瓷器上所绘凤凰的典型造型；腹下部绘有一圈 6 个变形大莲瓣，其特点为莲瓣纹各瓣互相分开，不借用边线。

阿力麻里古城遗址还出土了几件较典型的龙泉青瓷，如"花口双凤印纹大碗""花口葵纹盘""莲花纹盘"等器物。这里出土的元代瓷器主要是日常用品，有盘、碗、盏、罐等，其中盘、碗数量较多，大多数为残片。瓷片中有景德镇窑、磁州窑、龙泉窑、枢府窑等的产品。

元代瓷器有独特的草原游牧民族特点，特别是在器形上表现得比较突出。如高足碗又称马上碗、靶碗，主要为饮酒器具，它口微撇，近底处丰满，下承高足。其造型与高足杯颇为相似，但较之略大。这种纤巧的高足碗于元、明、清三代较为流行，品种有青花、斗彩等。四川大学教授陈德富在《古陶瓷收藏与鉴赏》中写道："高足碗是蒙古族文化影响的一种极具时代特征的陶瓷器，元以前是见不到的。明、清时期则作为中华文化的一种传统而被继承、延续下来，有小量制作。"

　　元代的青花瓷，器物规格较大，气势恢宏，胎体厚实。青花花纹的内容较多，有莲花、菊花、牡丹、松竹梅、牵牛花、琵琶、海棠、灵芝、山茶花、龙凤、仙鹤、鸳鸯、麒麟、狮子、海马、柳林、建筑等。青花纹饰清晰华美、色泽沉静典雅。在阿力麻里古城遗址出土的景德镇窑、磁州窑、龙泉窑、枢府窑等的瓷器及残片，都是在前代的基础上，继续生产的传统产品。

　　青花瓷是高温釉下彩的一种，是白地青花瓷器的专称。它是用含氧化钴的钴矿为原料，在陶瓷坯体上描绘纹饰，再罩上一层透明釉，经高温还原焰一次烧成。钴料烧成后呈蓝色，具有着色力强、发色鲜艳、烧成率高、呈色

霍城县阿力麻里古城遗址出土的高足青花瓷碗（元代）

稳定的特点。原始青花瓷于唐代就出现过，但普遍烧造成功还是在元代。

长期以来，有些学者对元代景德镇的青花瓷认识不清，主要原因是考古学上没有找到鉴定青花瓷的标准，无法对其进行综合比较。英国大维德基金会收藏的"青花云龙纹象耳瓶"的器身上有"至正十一年"铭。这件作品揭开了元代青花瓷的真面目，被称为断代研究的标准器。

在古代，西域路途漫漫，交通运输极为不便。这么多的瓷器从中原运往包括阿力麻里古城在内的西域地区，不是一件容易的事情。专家们对阿力麻里古城遗址出土瓷器的来源进行分析，认为其中一部分是元朝皇族赐给察合台贵族的；一部分是蒙古军队的日常用品；还有一部分是元代民间商人通过商贸活动，将中原瓷器输入至此。阿力麻里古城在13世纪时成为蒙古察合台领地，直到14世纪一直是察合台的政治中心。该城亦是陆上丝绸之路贸易运转的重镇之一，许多中外商人将瓷器、丝绸、纸张、香料、玻璃等商品运到这里销售，从而促进了西域经济的发展。而伴随蒙古大军的征战，元代瓷器更是远销至世界各地。

在中国陶瓷发展史上，元代是一个承前启后的重要时期。在这个时期，青花和青花釉里红逐渐兴起，枢府瓷以及彩瓷大量流行，白瓷成为瓷器的主流，其釉色白里泛青。这些都带动了以后明清两代的瓷器发展，得到很高的成就。

景德镇地处皖赣边区，受战争影响较小，社会安定有利于经济发展。当地原料富足，开采和使用都比较方便。在瓷器制作技艺方面，景德镇兼收并蓄，吸收中原汉文化艺术特点，有"工匠四方来，器成天下走"的美誉。元代统治者十分重视瓷器的生产，在景德镇设立了全国唯一一所为皇室服务的机构——浮梁瓷局。这些因素都促进了景德镇的瓷业生产，使景德镇成为全国制瓷中心。

瓷器在宋元以前的新疆古代墓葬遗址里出土较少。但瓷器从中原传入西域后，深受当地人的喜爱。由于当时瓷器比较少，只有为上层贵族所享用，平民百姓大多使用的还是陶器。阿力麻里古城遗址出土的这批瓷器，反映了丝绸之路的贸易繁荣，为研究当时的历史文化提供了重要的实物依据。

以大漆髹饰的器物被称为漆器。它是中国古代在化学工艺及工艺美术方面的重要发明。涂抹在器物上的漆有耐潮、耐高温、耐腐蚀等特性，又可以配制出不同色漆，光泽亮丽，能增强器物的美感。中国从新石器时代起就认识了漆的性能并用以制器，历经商周直至明清，中国的漆器工艺不断发展，达到了相当高的水平。

考古资料表明，西域居民早在战国时期就已经使用漆器。新疆乌鲁木齐市阿拉沟18号、30号墓就曾出土过这一时期的多件漆器。这些漆器的木胎虽已朽烂，但朱红色的漆皮仍旧十分鲜艳。漆器上的云纹、鱼纹图案清晰可辨，而云纹、鱼纹是春秋战国至汉代时期流行的纹样。新疆考古出土的汉晋时期漆器十分丰富。考古工作者在民丰县尼雅、洛浦县山普拉、若羌县楼兰、且末县扎滚鲁克、吐鲁番市阿斯塔那和哈拉和卓等遗址及墓葬中都发现了这一时期的漆器。

20世纪30年代，瑞典人贝格曼在若羌县楼兰遗址墓葬里发现了一件漆杯，最大直径19.4厘米，口径13厘米，高13厘米。漆杯为木质，单耳，扁鼓腹，底部有三足。杯壁外涂黑漆，口缘处饰红色条纹，壁内饰红漆，三足饰黄漆。1934年5月，瑞典人斯文·赫定在孔雀河三角洲靠北边缘的雅丹墓葬里发现了两件椭圆形漆盒，木胎，双底，长 10 厘米，宽 4.7 厘米。漆盒外壁残留深棕色漆痕，盒内部残留红色漆痕。盖顶部凸起，饰黑色漆线。1936 年，考古学家黄文弼在孔雀河北岸罗布泊古墓里发现了扁方形漆匣、筒形单耳漆杯和漆耳杯。这些出土的漆器虽然保存不够完整，但器形多样，是研究中国古代漆器艺术的重要资料。

1980 年，新疆社会科学院考古研究所（今新疆文物考古研究所）在若羌县楼兰 L.C 墓地发现了一件漆杯和一件漆器盖。漆杯为筒形，口径 11 厘米，高 10.6 厘米。杯外壁髹棕色漆，杯内髹红漆。彩绘漆盖直径 13 厘米，高 2 厘米。盖为木胎、圆形，盖顶呈弧状，外髹红漆，绘黑彩，内髹红色。盖身饰 3 条黑色条带纹，顶面绘 4 组变体流云纹，中间绘四叶蒂形纹。这件漆器盖保存完整，图案清晰精美，是一件不可多得的工艺品。

1984 年，和田地区洛浦县山普拉古墓出土了一把于阗人使用过的汉代漆篦，为西域古代梳篦的精品。篦子的 61 根篦齿排列紧密整齐，篦柄为半圆形，长 8.5 厘米，宽 6.8 厘米。柄施有黑漆，然后又髹红、黄、绿等色的云气纹和黄色圆点纹，从纹饰上看，具有楚文化的风格。整体色泽鲜艳，纹

洛浦县山普拉墓出土的漆篦
（汉代）

饰自然流畅。

1995 年，中日联合尼雅遗址考察队在民丰县尼雅遗址 1 号墓地 3 号墓发掘出土了一件漆奁。漆奁呈圆筒形，高 13.5 厘米，直径 14 厘米，厚 0.35 厘米。其为竹胎，内壁髹红漆，外壁髹黑漆。漆奁的盖上有铜制的纽环，纽环上还有用作抓手的丝带。漆奁出土时，装有龙虎纹铜镜的汉字铭文锦袋、椭圆形毛毡椟袋、小香囊、生丝、木线轴及各种丝绸小团。战国、秦汉时期的漆器一般内髹红漆、外髹黑漆，漆奁外壁上都有纹饰，主要有几何纹、云纹、神瑞、动物纹和生活场景。尼雅遗址出土的漆奁，与中原纹饰精美的漆奁相比，虽然没有华丽的花纹，但在十分干燥的气候环境下保存至今，实属不易。

在扎滚鲁克汉晋时期的墓葬中，发现了西域古代且末居民使用过的漆器。1996 年，扎滚鲁克 1 号墓地第 3 期文化第 73 号墓出土了一件漆盘。此漆盘长 47.6 厘米，宽 29.3 厘米，木胎，在红地上髹红、黑、黄色的三角纹枝花纹和鸟纹图案。这种器形较大的漆器在新疆十分少见。

尉犁县营盘墓地发现的汉晋时期漆器大多小巧精致，其中耳杯、漆奁、粉盒等漆器保存较好。1999 年，营盘墓地出土的漆耳杯口径 8.9～17.8 厘米，木质，椭圆形、敞口、平沿、斜腹，月牙形双耳，子母口，外壁髹黑漆，内壁髹红漆。这里发现的一件漆奁直径 8 厘米，通高 5.4 厘米。器表髹黑漆地，其上绘彩色纹样。盖顶用红、黄色绘弦纹、叶纹、三角纹、圆点纹等纹饰；盒外壁用红、黄等色绘卷云纹。还有一件漆粉盒口径 6 厘米，高 7.4 厘米，木胎，带盖，子母口。盖外壁呈圆弧，有蘑菇状纽，鼓腹平底。器表髹红漆地，饰黄、绿、黑线纹，盖顶髹黑漆。

东晋至北朝时期的西域漆器多见于吐鲁番市阿斯塔那和哈拉和卓墓地。1972 年，考古工作者在吐鲁番市阿斯塔那 177 号墓中，发现了具有中原特色的漆耳杯、漆勺、漆盘等漆器。从该墓出土的一方"且渠封戴墓表"所刻的文字中可知，墓主人且渠封戴是北凉匈奴贵族的后裔，生前任高昌太守。1975 年，哈拉和卓 92 号墓发现了一件北朝时期的漆盒盖。此漆盒盖为木胎，长 27.5 厘米，宽 13 厘米，高 4.6 厘米，呈圆角长方形，里外两面均施黑漆。盒盖边缘略有磨损，但整体保存较好，历经千余年，至今仍油光发亮。这些漆器反映了当时中原生活习俗对西域吐鲁番居民的影响。

西域漆奁一直沿用到唐代，吐鲁番市阿斯塔那出土的一件唐代漆奁，保存完好，光亮如新。它为木胎，高 5.3 厘米，直径 16.7 厘米，以薄木板制成圆形的盖与盒。盖面呈圆鼓状，通体髹黑色漆，漆色光彩锃亮。

20 世纪七八十年代，故宫博物院调拨给新疆维吾尔自治区博物馆一批清代漆器，有漆盒、漆碗、漆罐、漆瓶等。这些漆器的雕工和敷彩都十分精细，色泽鲜艳，流露出庄重典雅的风范，给人以美的享受，使新疆各族人民得以近距离观赏到精美绝伦的清代漆器珍品。

吐鲁番市哈拉和卓 92 号墓出土的漆盒盖（北朝）

中国玉文化的精髓——和田玉

在中国漫长的历史长河中，玉文化代表着中国古老文明的精髓。而和田玉从3000多年前，甚至更早踏入中原起，便深受当地民众的喜爱。中原民众将这些纯然天成的玉石雕琢成各类装饰品，或陈设在室内，或随身携带，点缀着他们的生活，甚至在死后还将玉器作为陪葬品，永久相伴。

玉不琢，不成器。实际上，和田玉虽然产自新疆和田，但自古以来当地居民对玉文化的追求不如中原民众那样痴迷，所谓和田玉在西域，但玉文化在中原。和田玉只有到了中原，被雕琢成精美的玉器时，才能体现其价值，散发出迷人的光彩。往昔，当和田精美的玉石源源不断运往中原的时候，中原华美的丝绸也输往包括和田在内的西域各地。玉石与丝绸成为西域与中原交往的重要纽带。

玉器用途广泛，在政治、经济、文化、思想、宗教信仰上都曾发挥过其他艺术品不能取代的作用。中国玉器的滥觞可追溯至新石器时代。新石器时代晚期就有了玉制工具。此后，许多玉器由玉制工具演变而来，至殷商时期，大量玉器被制成礼仪用具和各类佩饰。

玉石文化在中国有着悠久的历史，浙江余姚河姆渡新石器时代晚期遗址中就出土了大量的玉

故宫博物院调拨给新疆维吾尔自治区博物馆的赤壁泛舟图山子（清代）

制品，这些玉制品是中国目前所见到的最早的实物，它们证明中国的玉制品已有 7000 多年的发展历史。到了商代，统治者对玉特别喜爱，把玉称为"宝货"。纣王临终还不忘"衣其宝玉衣"。据《逸周书·世俘解》记载，武王伐纣得胜后，得"宝玉万四千，佩玉亿有八万"，可见宫廷中藏玉之多。正因为这样，商朝妇好墓出土的和田玉器不仅数量多，而且制作非常精致，说明当时玉器雕琢技艺相当高超，也说明在 3000 多年前，中原与西域存在着一定的经济文化联系。

玉以其坚实缜密、温润光泽的质地和晶莹美丽、五彩缤纷的色泽，成为高贵、纯洁、亲善、吉祥的象征。古人常用玉来象征美德，认为"君子比德于玉焉"，把高尚、纯洁称"冰清玉洁"，保持气节称"玉碎"，美丽的容貌称"玉颜"，和平称"化干戈为玉帛"。战国时期的诗人屈原对和田玉石情有独钟，他在《九章·涉江》中赞叹道："登昆仑兮食玉英，与天地兮比寿，与日月兮同光。"

西汉时期，和田玉及其制品在中原大地早已成为王室祭奠大典中不可缺少的礼器，皇亲国戚也开始以拥有玉的多少来彰显他们生前死后的高贵身份。张骞出使西域后，曾令人采集和田美玉，为汉朝皇帝刻制传令天下的玉玺。在漫长的丝绸之路历史上，东来西去的采玉、贩玉者络绎不绝。当年，他们往来通过的关隘，至今仍被称为"玉门关"。"天生美玉胜蓝田"，就是赞誉和田玉的。昆仑山是和田玉的发源地，故和田玉在古代又称昆仑玉。中国古籍中将昆仑山称作"群玉之山"，《千字文》中也有"金生丽水，玉出昆冈"之说。

江苏徐州博物馆馆藏的金缕玉衣于 1994～1995 年在徐州狮子山楚王陵出土，由徐州博物馆花费两年多的时间修复完成。它是中国目前发现的玉片数量最多、玉质最佳、工艺最精的一件金缕玉衣。这件金缕玉衣距今超过 2000 多年，据推断，墓主人是第三代楚王刘戊。玉衣长 174 厘米，宽 68 厘米，用 1576 克金丝连缀起 4248 块大小不等的玉片。玉衣全部用新疆和田白玉、青玉组成，质地温润晶莹。其设计精巧，做工细致，各玉片拼合得天衣无缝，是难得的艺术瑰宝。由于金缕玉衣象征着帝王贵族的身份，因此有非常严格的制作工艺要求，汉代的统治者还设立了专门从事玉衣制作的"东园"。这里的工匠会对玉片进行选料、钻孔、抛光等工序，并按照人体不同的部分将玉片设计成不同的大小和形状，再用金线相连。

和田玉石是如何从和田运往中原地区的呢？学者们认为，早在3000多年前，在西域与中原之间存在着一条早于丝绸之路的玉石之路，新疆和田等地的玉石由这条古道源源不断地运往中原各地，当地的能工巧匠把这些玉石雕琢成精美的装饰品，供贵族们享用。

玉石之路有两支，起点是"玉石之乡"和田，一支经罗布泊、敦煌，另一支经喀什、库车、吐鲁番。这两支路线在今天的玉门关、酒泉一带会和后，再继续向东延伸，经

故宫博物院调拨给新疆维吾尔自治区博物馆的青玉花熏（清代）

兰州、西安、洛阳，而达安阳（商都殷墟）。同时，这条贸易古道也向西推进，经喀布尔、伊斯法罕、巴格达而至地中海。

明代晚期，玉器业空前发展，玉器的使用与收藏已相当普遍。清朝统一新疆地区后，随着经济文化的发展以及帝王的个人崇尚，新疆玉料得以大量进入宫廷。解决了长期阻碍玉器发展的原料问题后，宫廷玉器生产呈现出繁荣的景象。

玉雕是中华民族手工艺文化的重要组成部分，许多工艺精湛的玉雕制品，堪称鬼斧神工。故宫博物院收藏的一件清代乾隆年间的《大禹治水图》玉山，重达5000千克，是用整块和田青玉琢成的。据说，当年用了几百匹马和上千劳力，花了3年的时间才从新疆运到了北京。后来，又被拉到当时玉雕业最发达的扬州，集中了数百名玉雕艺人，精心雕琢了6年才最终完成。

考古工作者在新疆罗布泊古墓葬中发现了3800多年前的一批玉石珠饰，其形状有管状、菱形和圆柱形，玉质细腻，有透明感，串起来就是一条光彩耀眼的玉石项链。在罗布泊小河墓葬中还发现了一具女性干尸，她的手腕处可见玉石手链。这说明西域早期居民喜欢佩戴玉石制成的首饰。新疆维吾尔自治区博物馆收藏的青玉斧、三嘴白玉吊灯等，也都是玉器中的精品。特别是三嘴白玉吊灯，设计精巧，注意到了不会挡住光线以及消除上部阴影的细节，反映了当时高超的玉雕工艺水平。

佛教约产生于公元前 6 世纪的古代印度。约公元前 1 世纪，佛教传入西域，东汉初年又经西域传入中原。佛教传入中原以后，对中国的玉文化产生了深远影响。它将玉注入宗教和道德基因，把佛教"宝"的属性应用到和田玉器中。佛教文化和题材成为玉器重要的表现主题，如玉器中的观音、佛摆件与挂件，如意等手把件。此外，唐代盛行的玉飞天，宋代的玉观音、玉持荷童子等，也是佛教和中国玉文化相结合的产物。

玉佛像

以和田玉雕琢的玉佛是佛寺供奉的珍宝。一些佛寺因供奉玉佛而闻名遐迩，被称为玉佛寺、玉佛殿。包括于阗在内的西域诸城郭，经常向中原朝廷敬献玉器，其中不乏雕刻精美的玉佛。《通典》记载，东晋安帝义熙元年（405 年）西域"狮子国"曾献玉佛一尊。当时这尊玉佛被称为"三绝"之一，"高四尺二寸，玉色洁润"，雕刻精美。到了南北朝时期，这尊玉佛被齐东昏侯毁坏。《册府元龟·外臣部》记载，梁武帝大同七年（541 年），于阗曾向崇尚佛教的南朝皇帝献玉佛。

全国各地博物馆收藏的佛像以普通石雕和鎏

金最为常见，体形较大的古代玉佛像比较少见，和田玉佛像更是稀少，流传至今的以小型摆件为最多。由于形象皆以释尊为主体，所以佛像有三十二相、八十种好的理想特征，各尊佛像的形体、容貌和姿仪皆祥和、宁静、庄严。而最具喜庆色彩的弥勒佛，玉石雕刻多用圆雕技法，体态丰腴，赤裸上身，笑口常开，慈祥喜庆的神态溢于言表。

玉观音

观音，佛教菩萨名，即观世音菩萨。佛教认为观世音菩萨为大慈大悲的菩萨，遇难众生只要念其名号，菩萨就会前往救助。曾因唐代避讳太宗李世民名，去"世"字，略称"观音"。菩萨的雕像与佛像一样，多见于石雕和鎏金佛像，玉雕的菩萨像在博物馆和民间都有收藏，其中不乏一些精品。玉观音都为女性形象。

玉达摩

达摩，是中国禅宗的初祖。他出生于南天竺（印度），通晓大乘佛法。梁武帝普通八年（527年），他自南天竺航海来到南海（今广东广州），从这里北行至北魏，所行之处以禅法教人。

达摩在中国古代雕刻美术作品中屡见不鲜，和田玉雕琢的达摩玉雕十分精美。台北故宫博物院收藏的清代《达摩过江玉山子》，长14.2厘米，高9厘米。此玉器虽玉质不够清纯，有褐色沁斑，但雕工精巧。山子整体呈椭圆形，以浅浮雕制作图纹，正面雕出水浪和山石，达摩立于汹涌的波涛

台北故宫博物院收藏的《达摩过江玉山子》(清代)

上,一手将法杖扛在肩上,一手执经书,生动地表现了他不畏艰险宣扬佛法的执着精神。

玉持荷童子

持荷童子是宋元以来常见的玉器造型,这种婴戏童子造型最早由佛教题材"磨喝乐"演变而来,是当时七夕节,人们用以祈求多子多福、子孙兴旺之愿的。由于"磨喝乐"所表现的是一个持荷婴儿的可爱形象,所以这一形象也为当时幼儿所模仿。正如宋人孟元老在《东京梦华录》中描述的:"七夕前三五日……小儿须买新荷叶执之,盖效颦磨喝乐,儿童辈特地新妆,竞夸鲜丽。"

故宫博物院收藏的一件和田玉雕刻的《玉举莲花童子》,为宋代玉雕作品,高 7.2 厘米。童子头大肩窄,五官刻画简洁,身穿长马甲,双手持莲,莲花于其头顶盛开。河南省文物商店收藏的一件《戏马头玉童子》，为元代玉雕作品，玉料呈青白色，雕琢得小巧可爱。这件作品圆雕一骑马头玩具的童子，面带笑容，手举莲花，显得憨态可掬。

故宫博物院收藏的玉雕《玉举莲花童子》（宋代）

玉飞天

飞天是专司娱乐和歌舞的神，其形象起源于古印度神话。伴随佛教传入中国后，演变为具有中国特色的仙人形象。在中国佛教里，飞天属天龙八部之一，是佛的侍从。所谓天龙八部，是为佛护法的8类鬼神，包括一天众、二龙众、三夜叉、四乾达婆、五阿修罗、六迦楼罗、七紧那罗、八摩睺罗相。乾达婆与紧那罗，便是飞天。乾达婆是乐神，以香为食；紧那罗是歌神，男相者马头人身，女相者相貌极美且善舞。他们在天国里采集百花香露，身着飘曳的衣裙，飞舞着彩带，凌空飞动，出现在鼓乐齐鸣、天花乱坠的佛说法时刻。

飞天最初出现在新疆龟兹石窟壁画里，后来传入甘肃敦煌，给敦煌石窟壁画增添了欢乐的色彩。中国古代玉器中的飞天也不乏一些艺术珍品，其中以唐代和宋代的玉飞天最为著名。

　　中国自古以来就以礼仪之邦而闻名于世，在公共场合蓬头垢面或衣冠不整，都被视为失礼的行为。为此，铜镜与梳子成为古人重要的生活用具。特别是铜镜，不仅是古人照面饰容的生活用品，而且以其独特的艺术魅力，吸引着人们的眼球。

　　古代铜镜的正面十分光洁，男子可以对着它整理衣冠，女子则可以对着它梳妆理容，如同唐代诗人李贺在《美人梳头歌》中所云："双鸾开镜秋水光。"而铜镜的背面则是另一番天地，多装饰着各种精美纹饰，其构思主题具有很强的艺术感染力。古代铜镜上有的纹饰寓意与配置，至今仍有许多难解之谜，如战国山字纹镜、汉代规矩纹镜、唐代海马葡萄纹镜等。

　　海马葡萄纹铜镜为唐代铜镜中最具特色的新镜类。瑞兽纹是中国古代十分多见的传统纹饰，早在商周时期就已成为青铜器上的主要图案，后来也见于丝织品上。而葡萄纹则来自西方。唐王朝的内外政策非常开放和宽松，对异域文化兼收并蓄。因此，西方的文化艺术就通过丝绸之路传入中原，并与当地传统文化相融合。中国古代的艺术家、工匠们很容易在制镜时，将这种中西融合的纹样运用到铜镜背面，从而创作出具有本民族风格的铜镜艺术品。

　　海马葡萄纹铜镜在全国许多地方都有出土，民间也有一定的收藏，广大文物爱好者，特别是铜镜收藏者对它并不陌生。2013年，在江苏扬州博物馆与新疆维吾尔自治区博物馆联合举办的《流光缩影——古代铜器展览》中，曾展出过一枚海马葡萄纹铜镜。此镜直径17.5厘米，呈圆形，背面中为一龟形纽，纽的周围分内外两轮区，其间有一周凸棱相隔，内轮饰有海马及缠枝葡萄纹，外轮饰有缠枝葡萄纹及飞鸟图案。

　　铜镜上的6只海马分别置于龟纽周围，有的行走，有的驻足回首，有的嘴巴大开、凶残凛凛。这些海马的尾部高高翘起，大腿粗壮有力，形态栩栩如生。铜镜采用的是高浮雕技法，气韵充沛、柔美自然，为唐代铜镜精品。这种铜镜多流行于唐高宗时期，以武则天时期最盛。此类镜装饰奇异，纹样充满神秘色彩，因此被称为"多谜之镜"。

　　这种铜镜在宋代《博古图录》上被称为"海马葡萄镜"，清代《西清古鉴》上则被称为"海兽葡萄镜"，另外还有"禽兽葡萄镜""天马葡萄镜""瑞兽葡萄镜"等名，但"海马""海兽"名称的使用最为普遍。实际上，这里提到的海马并非海洋中生存的海马，而是陆地上的一种怪异的动物。据专家们考证，铜镜图案中的瑞兽与狻猊相似。

　　狻猊是狮子的别称，从印度传入中国。唐代佛教盛行，狮子是寺院守护神，又是文殊菩萨的坐骑，象征着勇敢与智慧。在此之前，狮子的形象从未在中国艺术领域出现过。唐代之前，葡萄图案已经在丝织品上出现过，但是出现在铜镜上却是始自唐代，与狻猊结合出现更是前所未有。

　　葡萄的起源众说纷纭，有人说其来源于古代波斯、希腊、罗马等地。但西域葡萄种植也比较早，而且是中国最早种植葡萄的地区。考古工作者在新疆鄯善县洋海墓葬里曾发现距今2500多年的葡萄藤。伊犁哈萨克自治州特克斯县古墓出土的一件战国时期的金耳环，其上端为不闭合的圆环，直径1.3厘米，环下两个小钩连成一坠，该坠由6个亮晶晶的空心小圆金泡组成，整个耳坠宛如一串金灿灿的葡萄，工艺绝妙，充分体现了2300多年前西域民族高超的黄金加工技术，也说明在战国时期葡萄已成为西域居民的果品，

新疆维吾尔自治区文物
考古研究所收藏的海马
葡萄纹铜镜（唐代）

且作为装饰题材被应用于生活用品之中。到了西汉时期，西域的葡萄和葡萄酒通过丝绸之路传入中原，深受中原人民的喜爱。

历史上文人墨客们对葡萄的赞美，以唐朝最盛。李颀的"年年战骨埋荒外，空见蒲萄入汉家"（《相和歌辞·从军行（一作古从军行）》）；李白的"蒲萄酒，金叵罗，吴姬十五细马驮"（《对酒》）；王翰的"葡萄美酒夜光杯，欲饮琵琶马上催"（《凉州词二首·其一》）等都是关于葡萄或葡萄酒的诗篇。

由于葡萄的果实成串成簇、硕果累累，所以在中国传统民间装饰纹样中，葡萄纹带有"五谷丰登""富贵长寿"的寓意。此外，葡萄藤叶蔓延的形象也契合了人们"子孙绵长""家庭兴旺"的期盼。正因如此，葡萄纹成为常见的装饰纹样。在唐代，葡萄纹经常出现在锦缎、壁画、铜镜等物品上，具有代表性的包括海马葡萄纹铜镜、葡萄纹银器等。

唐代是中国历史上的鼎盛时期，也是中国铜镜发展史上的又一新时期。此时，铜质合金中再次加大锡的成分，使得铜镜质地更显银亮。在构图上，唐代铜镜虽然还是环绕式和对称式的表现手法，但是布局清新明朗、流畅华丽、自由活泼，特别是高浮雕技法的运用，更是让铜镜气韵充沛、柔美自然。在铜镜图案上，除了传统的瑞兽、鸟兽、画像、铭文等纹饰外，还增加了兼容中西文化内涵的海兽葡萄纹等，使其具有一定的时代特征。这些精美的铜镜，不仅是实用的生活用品，更是艺术的杰作，展现了唐代开放包容的文化风貌和高超的工艺水平。

东方铜镜体系代表——圆形具纽铜镜

世界古代铜镜分为东方和西方两大体系。西方体系以西亚、埃及、希腊、罗马等地区和古国的圆形具柄镜为代表，东方体系则以中国的圆形具纽铜镜为代表。虽然中国铜镜在某些时期出现过方形镜、花形镜、有柄镜等多种形制，但圆形具纽始终是重要形式，这也是中国铜镜的主要特征。

20世纪60年代以来，新疆陆续出土了一些圆形具纽镜。这种铜镜从形制上看，表现出一定的中原特色，而有的也融入了西域风格。如20世纪80年代哈密市天山北路墓地出土的一批圆形具纽镜，直径约8.3～8.8厘米。其中一面别具特色，以镜纽为中心，雕刻着放射状纹饰，如同太阳的光线，光芒四射。此镜距今约3500～4000年，是目前新疆考古发现最早的铜镜。这种铜镜在河南安阳妇好墓中亦有发现，而且形制也极为相似，反映了3000多年前中原与西域文化的相互影响。

考古工作者还在天山北路墓地发现了一面圆形人面纹铜镜。此镜背面中间铸成圆脸人面，以桥形纽表现突起的鼻梁，鼻梁上方以圆形对称的小突点表现双眼。人面像的圈外，以长短不一的射线表示太阳的光芒。

天山北路墓地风格的铜镜在乌鲁木齐市与和

静县也有发现。2007年，新疆文物考古研究所在乌鲁木齐市萨恩萨依墓地113号墓发掘出土了一面圆形具纽镜。此镜直径11.3厘米，厚0.3厘米，弓形纽，扁平穿孔，无纽座。镜的背面包括外缘有3个同心圆圈，以从纽发出的放射状斜线相连。

和静县莫呼查汗墓地出土的一面圆形铜镜直径6.5厘米，厚0.2厘米。镜面有4圈凸棱，内外圈有许多竖棱均匀排列，呈放射状。此镜距今3000年左右，是青铜时代的文化遗存。

在新疆的早期铜镜中，镜面刻有动物纹饰的镜子比较少见。和静县察吾乎4号墓出土了两面蜷狼纹铜镜，距今2700年，直径9厘米，镜面饰有一曲卷的狼纹图案。狼尖嘴龇牙，怒目圆睁，脊背呈锯齿状，模样凶恶张狂，尽显野性。考古工作者还在且末县扎滚鲁克墓葬中发掘出土了2500多年前的狼纹木梳和狼纹木雕盒。狼是中亚常见的一种野生动物，在新疆各地岩画中比较多见，带有鲜明的草原游牧民族色彩。

1963年，阿勒泰市切木尔切克墓地出土的战国时期素面铜镜，直径6厘米，圆形纽，铸造简单古朴。有学者认为，该镜的形制大小与河南三门峡市上村岭虢国墓出土的铜镜基本一致。这种圆形素面铜镜在战国时期的哈密市焉不拉克墓地、乌鲁木齐市阿拉沟古墓、鄯善县洋海古墓以及拜城县克孜尔墓地均有出土，它们是新疆地区早期的圆形铜镜的典型代表。

这种圆形素面铜镜在新疆其他墓地也多有发现。乌鲁木齐市萨恩萨依墓地发现的一面铜镜，直径9.6厘米，厚0.2厘米，高折沿，缘高1.8厘米，桥形纽，无纽座。这种高折沿铜镜在新疆境内比较少见，主要流行于中亚草原的游牧民

1 哈密市天山北路墓地出土的人面纹
　铜镜（距今 3500 ~ 4000 年）

2 乌鲁木齐市萨恩萨依墓地出土的太阳
　纹铜镜（距今 2500 ~ 3000 年）

3 阿勒泰市切木尔切克墓地出土的素面
　铜镜（战国）

4 故宫博物院调拨给新疆维吾尔自治区
　博物馆的"山"字纹铜镜（战国）

族。有学者推测，这种高沿的铜镜可用来盛水，萨满巫师使用时，能通过观察水中影像来进行某种仪式。

2005 年，昌吉回族自治州玛纳斯县包家店镇出土的一面战国时期铜镜，直径 11.5 厘米，厚 0.4 厘米。因锈蚀严重，镜面隐约可见 4 个"山"字纹饰，纽心外有凸显的方格纹，表现出典型的中原特色。而故宫博物院调拨给新疆维吾尔自治区博物馆的"山"字纹铜镜，则保存完好，镜面上的 4 个"山"字纹饰十分清晰。

"山"字纹铜镜在中原地区出土较多，是战国时期十分流行的铜镜类型。根据镜面"山"字的多少，可分为三山纹镜、四山纹镜、五山纹镜和六山纹镜，其中四山纹镜最为常见。新疆境内发现的"山"字纹铜镜，当属中原战国时期的产品。令人惊奇的是，俄罗斯戈尔诺阿尔泰省巴泽雷克墓地也出土了一面"山"字纹铜镜。此镜质地薄脆，镜面光滑，边缘为素卷边，镜背稍凸起的方形纽座中心有一小旋纽。专家指出，此镜上的纹饰是战国时期盛行的"山"字纹，说明在 2300 多年前，中原汉文化的影响已波及包括俄罗斯戈尔诺阿尔泰省在内的周边区域。

实际上，在先秦时期，西域地区的青铜冶炼技术有了一定的发展，当地居民已经能够制作铜镜。如新疆伊宁县愉群翁回族乡出土的一件长柄铜镜的石范，距今 2500 年左右，长 15.7 厘米，宽 11.5 厘米，厚 4 厘米。石范上凹进去的长柄铜镜的形制清晰可见，说明当时铸造铜镜的工艺已十分成熟。

镜上的生肖『大观园』——十二生肖铜镜

2019 年，考古工作者在新疆哈密市拉甫却克古城遗址中，发掘出土了陶器、五铢钱、开元通宝、十二生肖铜镜、东罗马金币、波斯银币、红宝石戒指等文物珍品。其中，十二生肖铜镜是新疆境内少见的唐代生肖文化铜镜，反映了唐朝时期中原铜镜艺术对西域的影响。该镜历经千余年，早已变得锈迹斑斑，但镜子背后的 12 种动物纹饰仍依稀可见，对于新疆来说，其历史、文化、艺术价值不亚于东罗马金币、波斯银币等金银文物。

拉甫却克古城遗址位于哈密市五堡乡，东距哈密市 65 千米，为汉唐时代的重要城址。2019 年，新疆文物考古研究所等单位对这里实施抢救性发掘，清理墓葬 60 余座，出土大量珍贵文物，这其中就包括十二生肖铜镜。

当考古工作者小心翼翼地剔除铜镜上的尘土后，镜子背面的精美纹饰显露出来。十二生肖铜镜呈圆形，直径 16.9 厘米，厚 1.2 厘米，重 543 克。此镜中心为圆座圆纽，以纽为中心用弦分为三区。内区浮雕出青龙、白虎、朱雀、玄武 4 个神兽，中区以顺时针方向浮雕出鼠、牛、虎、兔、龙、蛇、马、羊、猴、鸡、狗、猪十二生肖动物，外区为一种锯齿纹。

铜镜是中国古代居民重要的生活用具，其正

面主要用来照面饰容、正人衣冠，正所谓"当窗理云鬓，对镜帖花黄""以铜为鉴（镜），可正衣冠"；而其背面的图案纹饰与文字，则充满了浓郁的人文气息，反映了古人的思想意志与精神追求。十二生肖铜镜在陕西、湖北、河南、湖南、江苏、江西、四川、吉林等省的墓葬遗址中均有出土，且种类丰富。而拉甫却克古城遗址出土的这面铜镜，是迄今新疆境内罕见的十二生肖铜镜，它极有可能是从中原输入的，因而显得十分珍贵。

在中国众多类型的文物中，十二生肖概念出现得较早。在甘肃天水出土的战国秦简牍《日书》中就有较为完整的关于十二生肖的文字记载。汉代铜镜中的规矩博局镜常铸有十二地支铭文"子丑寅卯辰巳午未申酉戌亥"，不过此时镜上只有"十二辰位"文字，还未出现十二生肖动物图案。文物中出现生肖图像的时间较晚，北朝时才开始大量出现各种类型的十二生肖陶俑。而十二生肖动物铜镜在隋朝时才出现，至唐代时较为流行，并传播到西域地区。哈密出土的唐代十二生肖动物铜镜，就是这一传播的重要例证。

中国在商周时期就用天干地支来纪年。以十二地支为根据天辰星象来确定地面物候节气，以便春种、夏锄、秋收、冬藏。为便于区别和应用"十二天时"，古人采用了12个文字来命名：子、丑、寅、卯、辰、巳、午、未、申、酉、戌、亥。汉代以后，中原地区采用了形象表示法的12种动物鼠、

哈密市拉甫却克古城遗址出土的
十二生肖铜镜（唐代）

牛、虎、兔、龙、蛇、马、羊、猴、鸡、狗、猪来纪时，即"十二兽历"。所谓"生肖"就是生肖动物；所谓"属相"即动物属性。所以，用12种动物代表十二生辰，才是名副其实的十二生肖或十二属相。将12个字与12种动物相融合而配伍，形成流行至今的十二生肖：子鼠、丑牛、寅虎、卯兔、辰龙、巳蛇、午马、未羊、申猴、酉鸡、戌狗、亥猪。在哈密出土的这面十二生肖动物铜镜上，鼠、牛、虎、兔、龙、蛇、马、羊、猴、鸡、狗、猪十二生肖动物浮雕纹饰清晰可见，形态栩栩如生，反映出唐朝时期西域居民采用了与中原相同的历法纪年。

除十二生肖动物铜镜外，考古工作者还在拉甫却克古城遗址里发现了"上方作竟"龙虎纹铜镜。该镜上铸有"上方作竟佳且好，明而日月世少有，刻治今守悉皆在，长□□二亲矣□"28个汉字。铭文大致意思是，制镜匠人自诩技术高超并表达吉祥祝福。这类铜镜在汉代中原墓葬出土较多，而出现在哈密唐朝墓葬里，有可能是家族长期收藏的物品，由于受到墓主人的喜爱，遂将其随葬于墓穴里。

哈密古称伊吾，早在3000多年前的青铜时代，就与中原保持着经济、文化联系。到了汉唐时期，在大一统的格局之下，包括哈密在内的西域地区与中原的关系更加密切。公元630年，唐朝中央政府在哈密置伊州，辖伊吾、柔远、纳职三县。唐宪宗时的宰相李吉甫撰写的中国地理学专著《元和郡县图志》记载："纳职县，下。东北至州一百二十里。"据此，学者们从地理位置上推断，拉甫却克古城就是唐朝时期的纳职县。

唐朝中央政府在哈密、吐鲁番等地实行与中原地区相同的州、县两级行政管理制度，当地民众的生活习俗受中原影响，喜欢使用具有中原特色的生活用具，就连丧葬习俗也深受中原文化的影响。在这次考古发掘中，考古工作者在拉甫却克清理了19座斜坡墓道墓（其中2座为砖室墓）。斜坡墓道墓是北魏以来中原贵族的墓葬形制，在唐代吐鲁番阿斯塔那墓地中也十分多见，反映了当时中原的丧葬习俗对西域的影响。

新疆地毯以其绚丽的色彩、独特的图案艺术，在中国地毯发展史上占据着重要地位。从考古发现的资料来看，在2500多年前，新疆人民已经能够编织出色彩鲜艳的栽绒毯。到了汉晋时期，随着新疆棉纺织业的繁荣与发展，当地编织地毯的工艺水平显著提高，这一点从新疆考古发现的资料中可以得到验证。洛浦县山普拉出土的毛织鞍毯、尉犁县营盘出土的狮纹地毯、民丰县尼雅出土的几何纹地毯，都是新疆古代文物中的精品，反映出当时西域织毯工艺的高度成就。到了明清时期，新疆的地毯生产不仅在数量规模上不断增加，而且图案种类繁多，使用的色彩也更加丰富，编织地毯的技艺日臻完善，并逐渐形成了和田、喀什、莎车等织毯中心。

明清时期，除传统的毛织地毯外，新疆还出现了用丝线或丝线与毛线编织的五彩斑斓的地毯。据《新疆图志·实业志》记载："织罽毯，以羊毳为经，棉线为纬，杂以丝绒。五色相间，为古彝鼎泉刀，八宝花卉诸文采。厚者盈寸，长宽方丈余或六七尺不等。"从史料中可以看出，这种用毛、丝编织的栽绒地毯，是规格较高的新型手工艺品，不仅质地柔软、光泽度高，而且色彩亮丽、装饰性强。这种地毯大多为新疆清代伯克贵族所享用，除此之外，和田、喀什、莎车等地区的伯克还会将这种精美绝伦的工艺品进贡给远在京都的皇帝，以示他们对中央政府的顺从。

清代初期，喀什噶尔（今新疆喀什）就开始向清宫赠送地毯，当时进贡的地毯以毛织地毯为主。到了乾隆时期，新疆织毯进入全盛时期，生活在南疆的维吾尔族织毯艺人，在先辈们毛织地毯的工艺基础上，掌握了用丝线、金银线编织地毯的工艺。当时盘金银线地毯已成为新疆贵族进贡的首选物品之一。现今，故宫博物院收藏着新疆各地伯克进贡给皇宫的盘金、盘银地毯。

盘金银线地毯使用的金银线，是将金箔和银箔裁成细条，包在丝线上圆捻而成。其毯子的结构是以彩色丝线作绒头来构成图案纹样，同时把金银线盘结在不显花的部位，在经线上盘成"人"字纹。清宫收藏的新疆盘金银线地毯多以银线作为边饰，而金线用于地毯的中心部位，工艺比较复杂，但装饰效果明显，显得富丽堂皇，充满喜庆气氛。这些新疆地毯的图案多种多样，不仅有新疆本土的巴旦木、石榴花、玫瑰花等传统纹样，而且有百合、菊花、山石、牡丹、梅花、石竹等具有中原特色的纹饰。

石榴花纹地毯

石榴花的维吾尔语称阿娜古丽。其纹饰多是在地毯中央部位，将经过变化的石榴花、枝、叶、蕾、果实等，连续分布在地毯的四方框架内，作对称状布局。这种地毯在故宫博物院收藏较多，如乾隆年间的一条银边金线心莲枝花纹栽绒毯，长470厘米，宽263厘米，毯心为金线地，开光内以"十"字为骨架，对称编织石榴花，铺以对称的串花。石榴花是维吾尔族居民广泛使用的装饰图案之一，用于墙围、地毯、服饰、枕套等。这种图案传到中原后，因其果实饱满、花卉鲜艳而受到中原人民的喜爱。此外，在中原传统文化中，石榴籽多，有多子和丰产之意，正所谓"榴开百子"，寓意着"多生贵子"。

石榴花纹地毯

散花纹地毯

　　散花的维吾尔语称阿依古丽，即月亮花。这种地毯的中心纹样一般是由 2 个或 3 个如同满月的圆形图案构成，在其周围空地分散添加着大小不同的各种花朵、枝叶。故宫博物院收藏的一条晚清时期的绿地花卉纹毛织栽绒毯，长 321 厘米，宽 151 厘米，由外而内分别采用了紫色素边、如意云纹、小团花纹、石榴纹等 4 道花边。毯心是由 3 个圆形图案组成的主题纹样，四周以散点形式分布着石榴花、梅花、小团花等多种纹样，是典型的新疆维吾尔族散花纹样地毯。

拜西其且克古丽式地毯

　　拜西其且克古丽的维吾尔语意为五枝花。一般是在黄、蓝色地上，饰有含苞待放的五枝花纹样。这种图案是用一组一枝五朵变体的八瓣花，通常是八瓣花和蕾、叶枝组成一个单位纹样，并进行四方连续的布局。花朵和花蕾多采用红、绿、黄等多种颜色，而枝和叶则是翠绿、墨绿色。这种纹样变

拜西其且克古丽式地毯

化多样，色彩文静典雅，富于春意，看上去好似繁茂盛开的迎春花，故又称"五枝迎春花"。故宫博物院收藏的一条晚清时期的黄地五枝花栽绒丝毯，长310厘米，宽169厘米。毯心是在黄地上绿色枝条衔着红色的五枝花，图案简洁，结构严谨。整毯充满勃勃生机。

菊花纹地毯

　　菊花是中原地区的传统纹饰，在新疆地毯中也有这种图案，但不太常用。故宫博物院收藏的一条清中期银线边金线心栽绒地毯，是维吾尔族手工艺人编织的。该毯长370厘米，宽194厘米，以棕色为地，采用红、绿、蓝等颜色，采用7道边饰，主边花纹为二方连续的菊花纹。毯心主体图案是以"十"字为骨架绿色干枝的菊花。

棕榈叶纹地毯

　　棕榈树主要分布于中国南方地区，常用于庭院、路边及花坛，适于四季观赏。棕榈叶一般呈扇形，在新疆图案艺术中十分少见。故宫博物院收藏的棕榈叶纹地毯并非仅由棕榈叶一种纹饰构成，而是与石榴花、郁金香、海棠花、百合花等纹饰构成组合型图案。例如，其中一条银线边金线心栽绒丝毯，长555厘米，宽366厘米，采用7道边饰。毯心主体图案为四方连续的由扇形棕榈叶、石榴花、郁金香构成的菱形图案。除此之外，还有百合花、菊花、小团花作为辅助图案。整体图案细密，以盘金、盘银作地色，形成金线地、银线边，从而显得富丽堂皇。

回纹边框地毯

回纹是被中国民间称为"富贵不断头"的一种纹样。它是由古代陶器和青铜器上的雷纹衍化来的几何纹样，因为是由横竖短线折绕组成的方形或圆形的回环状花纹，形如"回"字，所以称作回纹。故宫博物院收藏的一条黄地万字边花卉纹栽绒毯，采用黄色为地，主体图案为四方连续的花叶纹。该毯从外而内是黑色素边、如意云纹、大回纹、如意云纹、小回纹等5道边饰。其边饰中间的大回纹比较引人注目，使用了黄、绿、红、黑4种色彩，图案规整、编织细密，为该毯增添了几分神秘气息。

博古式地毯

博古式地毯的图案是汉族、维吾尔族等民族经过长期的文化交流而形成的一种共同的仿古图案的泛称。一般是在红色或蓝色的地上，织出炉、鼎、瓶、罐、货泉、琴、棋、书、画、茶花、树枝、飞禽、瑞兽等图案，其边框大都是以万字、回纹、云纹、波浪、古钱纹等作为装饰。

故宫博物院收藏的一条银线边金线地玉堂富贵壁毯，就反映了博古式地毯的特点。该毯长647厘米，宽278厘米，是乾隆年间维吾尔族织毯艺人在皇宫里编织而成的。毯心主体图案是灵芝、牡丹、翠竹、桂花、石榴、玉兰

博古式地毯

等花卉，另有两只蝴蝶镶嵌其中，寓意玉堂富贵。该毯左右两边有黄、白、绿、浅驼4种颜色的丝线坠饰的穗子。由外而内的边饰为棕黑色素边、白色素边、万字纹图案、白色素边和棕黑色素边5层边框，装饰效果显著，尽显皇家气派，散发出浓郁的中原特色。毯子的结构是以彩色羊毛做经纬，以彩色丝线栓绒头，金银线盘结在不栽绒的地纹上，从不同角度观赏，会呈现出不同的色光，充分显示出维吾尔族织毯艺人的高超技艺。

　　除地毯实物外，在雕塑作品、石窟壁画等艺术中也可以见到地毯的身影。例如，吐鲁番阿斯塔那唐墓出土的一件淡蓝色的泥马俑，马背上的鞍子雕琢得精准得当，鞍子下面安置的毯子呈椭圆形，两端耷拉在马肚上，毯上的花草图案清晰而精美。

　　新疆是中国地毯的发源地。新疆生产的地毯和织毯工艺传入中原地区后，不仅极大地丰富了当地人民的物质生活，也为中华传统文化的多元发展增添了绚丽的色彩。